1

Der Nasser-See. Nach Meinung vieler Fachleute löste dieser gewaltige, durch den Assuan-Hochdamm entstandene Stausee eine ökologische und ökonomische Katastrophe aus. Das Bild macht die unterschiedlichen Wasserstandshöhen deutlich, durch die die Fauna und Flora des Sees in Mitleidenschaft gezogen werden. Nassers Traum von üppig grünenden Ufern und florierenden Fischerdörfern hat sich nicht erfüllt.

2

Wind und Wasser formen die Wüste. Die Wadis (Flußtrockentäler), die sich in den dunklen Sand im Norden der Sinai-Halbinsel eingegraben haben, fügen sich zu einem bizarren, durch Erosion entstandenen Muster zusammen.

3

An der Küste des Roten Meeres ist das Wasser kristallklar; ein Unterwasserparadies mit smaragdgrünen Tiefen, Korallenriffen und Tropenfischen. Entlang der nun von Suez bis zur sudanesischen Grenze durchgehenden Straße schießen Nobelhotels und Luxusvillen aus dem Boden.

4

Nach dem Sammeln von Brennmaterial machen sich Beduinenfrauen aus dem Nordenauf den langen, beschwerlichen Heimweg.

5

Gleichwertige Transportmittel – das biblische Kamel und der Helikopter. Viele ägyptische Herrscher waren Soldaten und Heerführer, und nach wie vor kommt den Streitkräften im politischen Leben des Landes eine bedeutsame Rolle zu.

6

Mit den modernen Verkehrswegen, die heute die Wüste durchziehen, drang das Auto ins Reich der Kamele vor. Auf einer 1986 fertiggestellten Wüstenstraße gelangt man heute per Auto oder Bus in drei bis vier Stunden von Assuan nach Abu Simbel.

7

Palmenhaine wirken mitunter uralt wie die Pyramiden. Die Dattelpalme gelangte erst im Zuge kultureller Entwicklungen nach Ägypten. Neben ihr am häufigsten zu sehen ist die Akazie. Weit verbreitet sind auch Obstbäume wie Feigen, Granatapfel- und Maulbeerbäume, Orangen- und Zitronenbäume sowie Bananenstauden.

8

Fellachenjungen in traditioneller Landestracht jagen durch ein Luzernenfeld. Die gefragte Futterpflanze wird im Faijum, einer fruchtbaren, 145 km von Kairo entfernten und oftmals fälschlich als Oase bezeichneten Region, großflächig angebaut.

9

Giseh. Ein moslemischer Friedhof zu Füßen des Nazlet es-Simman-Felsens, südlich der Großen Pyramiden.

ÄGYPTEN

Reich der Götter · Pharaonen · Pyramiden

Guido Alberto Rossi
(Fotos)

Giovanni Caselli
(Text)

Reich Verlag

terra magica

World Copyright
© Flint River Press Ltd. 1990

© 1990 für die deutschsprachige Ausgabe
by Reich Verlag Luzern, Switzerland

Idee und Entwurf:
Nebojsa Bato Tomasevic

Gestaltung: Gane Aleksić

Übersetzung aus dem Englischen:
Erica Mertens-Feldbausch

Lektorat deutschsprachige Ausgabe:
Birgit von Maltzahn

Korrektorat: Walter F. Bürgi

ISBN 3-7243-0292-4

Printed in DELO - Tiskarna, Slovenia

Inhaltsverzeichnis

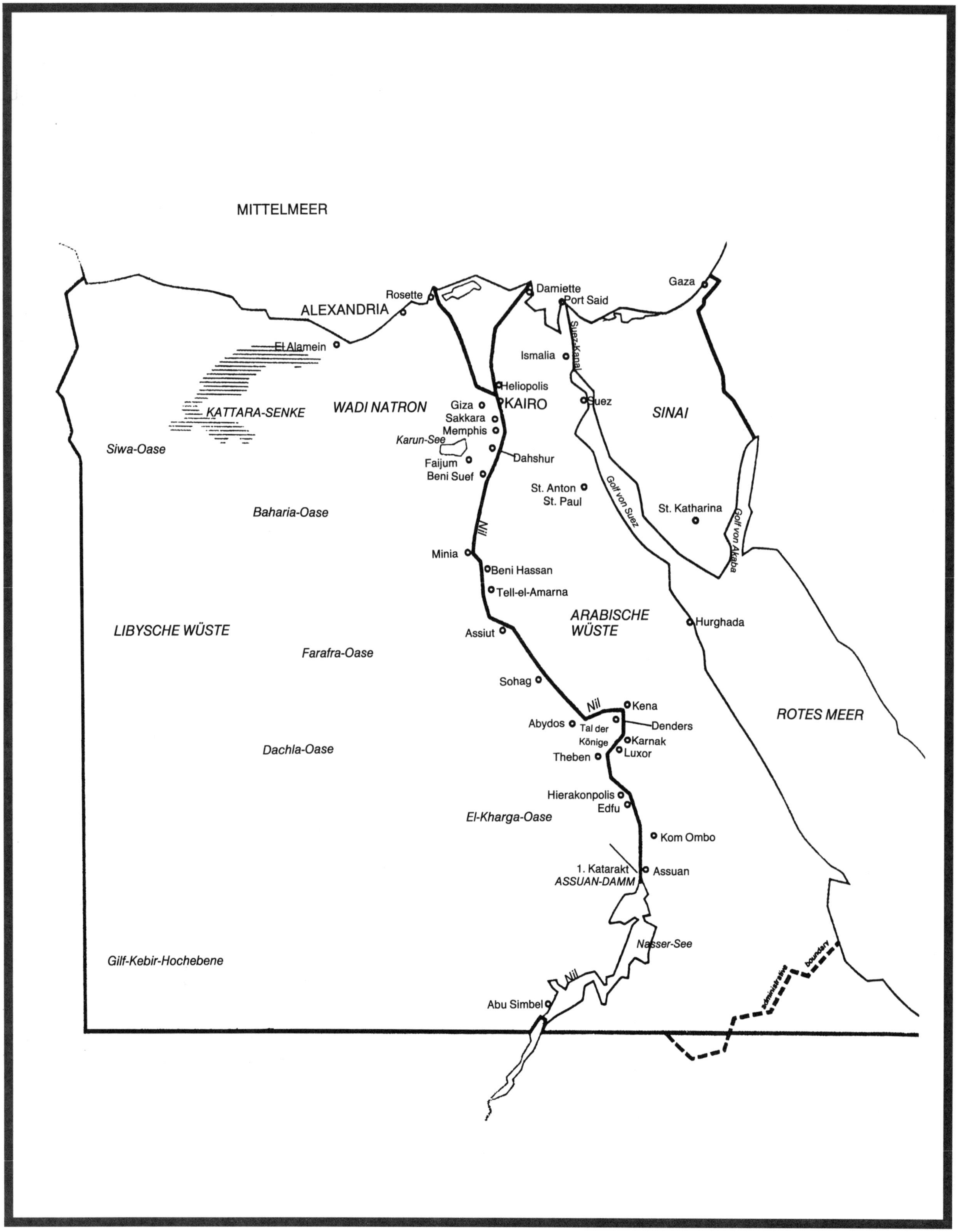

MITTELMEER

ALEXANDRIA
Rosette
Damiette
Port Said
Gaza

El Alamein
Ismalia
Suez-Kanal

KATTARA-SENKE
WADI NATRON
Heliopolis
KAIRO
Giza
Sakkara
Memphis
SINAI
Suez

Siwa-Oase
Karun-See
Faijum
Beni Suef
Dahshur

Baharia-Oase
St. Anton
St. Paul
St. Katharina

Golf von Suez
Golf von Akaba

Minia
Beni Hassan
Tell-el-Amarna

LIBYSCHE WÜSTE
ARABISCHE WÜSTE
Hurghada

Farafra-Oase
Assiut

ROTES MEER

Sohag

Nil
Kena
Abydos
Tal der
Denders
Dachla-Oase
Könige
Karnak
Theben
Luxor

Hierakonpolis
Edfu
El-Kharga-Oase
Kom Ombo

1. Katarakt
Assuan
ASSUAN-DAMM

Nasser-See

Gilf-Kebir-Hochebene

Nil
Abu Simbel

administrative boundary

22

Einführung

Nur wenige Kulturen in der langen Geschichte der Menschheit übten eine derartige Faszination aus und wurden so eingehend erforscht wie die Kultur Altägyptens. Unzählige Menschen in aller Welt wissen ungemein viel über das alte Ägypten, ohne allerdings jemals eine Chance zu haben, in dieses Land zu reisen. Andere wiederum kommen hierher, wohlvertraut mit der Vergangenheit des Landes, aber mit nur spärlichen Kenntnissen über das Ägypten von heute. Und dann gibt es noch – und sie sind in der Überzahl – die «gewöhnlichen» Touristen, auf die Ägypten eine unwiderstehliche Anziehungskraft ausübt, auch wenn sie sich mit seiner alten und neuen Geschichte vergleichsweise wenig befassen. Zu Tausenden strömen sie alljährlich ins Land, fahren den Nil hinauf oder hinunter und bestaunen ehrfürchtig Tempel und Pyramiden.

Dank deren gewaltiger Ausmaße, ihrer enormen Zahl und massiven Bauweise hielten die altägyptischen Monumente über Jahrtausende hinweg dem Tun von Plünderern und Kunstfrevlern und den Auswüchsen des Vandalismus stand. Die Werke altägyptischer Handwerker und Künstler, die Tempel, Gräber und Überreste jahrtausendelangen Alltagslebens sind – begünstigt durch das trockene Klima und die Beschaffenheit des Bodens – weitgehend erhalten geblieben. An Zeugnissen der Vergangenheit dürfte Ägypten weit reicher sein als an Errungenschaften der Gegenwart. Noch heute finden sich mehr Früchte menschlicher Mühsal aus dem Zeitalter der Pharaonen als aus den Epochen danach. Hunderte von Museen in aller Welt hegen und pflegen ihre ägyptischen Sammlungen. Kunst- und Gebrauchsgegenstände aus dem alten Ägypten kann man nicht nur in Paris, London und New York bewundern, sondern auch in weniger bedeutenden Städten wie beispielsweise Manchester oder Turin. Und noch immer ruhen unter dem glühend heißen Sand des Nil-Tales und in den Höhlen Oberägyptens zahllose Schätze und warten darauf, von den Schaufeln und Pickeln der Archäologen ans Tageslicht gebracht zu werden.

«Reiseführer»-Touristen haben zumeist ein geistiges Bild des Landes vor Augen, in dem die ruhmreiche Vergangenheit die Gegenwart überschattet. In Wirklichkeit aber geht Ägypten über phantasievolle oder vorgefaßte Vorstellungen weit hinaus – insbesondere, wenn der Reisende sich nicht – wie der Romanschriftsteller William Golding bemerkt – auf die «toten Ägypter» beschränkt, sondern auch das pulsierende, faszinierende Leben in den Städten, an den Ufern des Nils und in der Wüste wahrnimmt. Gerade aus diesem Nebeneinander und der Verschmelzung von Altem und Neuem, von unterschiedlichen Kulturen und Traditionen erwächst der einzigartige Zauber dieses Landes.

Land und Leute

Geographie. Ägypten ist Landbrücke und Scheideweg zwischen Afrika und Asien; und der Suez-Kanal gewissermaßen das Schleusentor zwischen den Meeren des Westens und Ostens. Auf der Karte ist das Land an seinen auffallend geometrischen Umrissen deutlich auszumachen – ein nahezu quadratischer Fleck in der Nordostecke des afrikanischen Kontinents. Mit einer Gesamtfläche von 1 003 600 km² ist Ägypten 1,8mal so groß wie Frankreich, aber nur 39 000 km² können als Kultur- und Siedlungsland genutzt werden. West- und Südgrenze verlaufen in gerader Linie, ohne Berücksichtigung geographischer Gegebenheiten. Im Norden grenzt Ägypten ans Mittelmeer, und auch dieser Küstenstreifen hat einen ziemlich geraden Verlauf. Einzig die Ostgrenze des Landes mit der herzförmigen, geographisch zu Asien zählenden Halbinsel Sinai und der Küste des Roten Meeres bietet ein abwechslungsreiches, vielfältiges Bild. In schräger Linie von Nordwesten nach Südosten verlaufend, ist diese Küste keineswegs so eintönig, wie ein Blick auf die Landkarte vermuten ließe. Ihre Felsklippen, Buchten und Häfen fügen sich hier zu einem landschaftlich interessanten und eindrucksvollen Küstenstreifen zusammen.

Innerhalb dieser nahezu quadratischen und zumeist ebenen, etwas monotonen Wüstenregion findet sich ein bemerkenswertes Landschaftsgebiet – das breite Tal des Nils, der fast parallel zur Küste des Roten Meeres und über eine Länge von rund 1500 km Ägypten in nördlicher Richtung durchströmt. Gespeist durch die tropischen Regengüsse in Uganda und Ruanda, wälzt sich der Nil über eine Länge von über 6000 km unter anderem durch das ausgedehnteste Wüstengebiet unseres Planeten und ergießt sich in einem ungeheuer großflächigen, weitverzweigten Delta in das Mittelmeer. Bewässerungs- und Kraftwerkanlagen sowie Verdunstung nehmen ihm auf seinem Weg nach Norden etwas von seiner Mächtigkeit. Historisch gesehen umfaßte Ägypten das Schwemmland des Nils nördlich des 1. Kataraktes bei Assuan und teilte sich geographisch und kulturell ursprünglich in zwei Regionen: das Nil-Delta oder Unterägypten, und das Nil-Tal zwischen dem heutigen Kairo und Assuan oder Oberägypten. Genaugenommen ist das ägyptische Nil-Tal – anders als der Große Ostafrikanische Graben oder das Jordan-Tal – kein Grabenbruch, liegt aber dennoch zwischen Kalk- und Sandsteinfelsen eingebettet, die während einer Bootsfahrt auf dem Fluß über weite Strecken zu beiden Seiten deutlich erkennbar sind.

In früheren Zeiten war der Nil bis zum 1. Katarakt bei Assuan schiffbar; an dieser Stelle türmen sich gewaltige Granitblöcke im Flußbett auf. Bootsreisen auf dem Strom waren bequem; stromabwärts nahm die leichte Strömung das Boot mit, und bei Reisen stromaufwärts blähten die im Sommer vorherrschenden Nordwinde die weißen Segel auf. Östlich des Nils liegt das Hochland der Arabischen Wüste. Einst Teil der arabischen Halbinsel, wurde dieses Wüstengebirge vor Jahrmillionen durch den Grabenbruch des Roten Meeres von seinem «Mutterland» abgesprengt. Am Westrand des Nil-Tales zieht sich die Libysche Wüste hin; sie ist niedriger als die Arabische Wüste, aber ebenso trocken und von Wadis (Trockentälern) zerfurcht. In diesen unwirtlichen, von der Sonne versengten Wüstenregionen aus Fels und Sand finden sich nur vereinzelt natürliche Verbindungswege. Richtung Osten führen mehrere Routen zur Küste des Roten Meeres: eine vom nördlich gelegenen Beni Suef und eine zweite von Kena aus, wo der Nil näher an der Küste vorbeiströmt, und schließlich noch eine Verbindungsstraße im Süden zwischen Idfu und dem Roten Meer. Durch die Libysche Wüste ziehen sich zwei Hauptverbindungsstraßen: eine entlang der Mittelmeerküste unmittelbar hinter den Sanddünen sowie eine zweite, weitgehend von den natürlichen Gegebenheiten bestimmte und tief ins Landesinnere führende Piste, die mehrere Oasen miteinander verbindet.

Ohne den Nil hätte Ägypten, wo es so gut wie nie regnet, wohl nur einigen Tausend Beduinen einen Lebensraum bieten können. Der Fluß bildet die Lebensader des Landes, in dem 1990 rund 54 Millionen Menschen gezählt wurden. 98 Prozent von ihnen drängen sich auf dem schmalen, nur 36 000 km² umfassenden Streifen Kulturland zu beiden Seiten des Stromes. Entstanden war dieses fruchtbare Schwemmland durch das alljährliche Hochwasser, das nach den tropischen Regenfällen weitab im Süden den Nilschlamm flußabwärts trug und über die Felder verteilte. Seit Herodot galt Ägypten als das «Geschenk des Nils». Ohne diese sich regelmäßig wiederholenden Überflutungen, die für einen fetten Boden sorgten, hätte sich diese Hochkultur wohl niemals ent-

10
Ismailia. Moschee am Rande des Suezkanals. Auf halbem Wege zwischen Port Said und Suez am Tmsah-See gelegen, wurde die Stadt während der Bauarbeiten des Suez-Kanals 1863 von Ferdinand de Lesseps gegründet. Der von hier aus in Richtung Westen zum Nil führende Ismailia-Kanal nimmt weitgehend denselben Verlauf wie eine Wasserstraße aus pharaonischer Zeit.

11
Das Nil-Delta schiebt sich unaufhaltsam ins Mittelmeer vor. Die ersten Ansiedlungen auf dem neu entstehenden Marschland sind meist Fischerdörfer.

12
Unmittelbar nördlich von Kairo teilt sich der Nil in die beiden, Richtung Osten bzw. Westen strömenden Arme Damiette (Dumyat) und Rosette (Raschid). Beide Nil-Arme fließen in das Mittelmeer und sind nach den Hafenstädten an ihrer Mündung benannt.

13
Ein australisches Segelboot auf dem Nil – wie mag es wohl hierher gelangt sein: aus eigener Kraft oder «Huckepack» auf einem größeren Schiff?

14
Port Said, viertgrößte Stadt Ägyptens und am nördlichen Ende des Suez-Kanals direkt am Mittelmeer gelegen, verdankt seine Bedeutung allein dieser künstlichen Wasserstraße. Die Stadt wurde 1859 zu Beginn des Kanalbaues gegründet und trägt den Namen des damaligen Vizekönigs.

15
Fischerboote vor der Küste des Roten Meeres. Herrliche Strände und kristallklares Wasser locken von Jahr zu Jahr mehr Feriengäste in diese Region.

16
Der Suezkanal, 1859
begonnen und zehn Jahre
später eröffnet, ist 167 km
lang und knapp 20 m tief.
Zur Schonung der
Uferbefestigung besteht
für Schiffe eine
Geschwindigkeitsbe-
schränkung; die Fahrt
durch den Kanal dauert
15 bis 18 Stunden.

17
Segelboote in Erwartung von Touristen,
denen nach einem Ausflug zu den
Altertümern Oberägyptens eine Fahrt auf
dem Nil willkommene Abkühlung bringt.

18
Fort bei Rosette (Raschid), der wichtigsten
Hafenstadt Ägyptens zwischen dem
Niedergang und dem erneuten Aufstieg
Alexandrias im 19. Jahrhundert. Der heute
im British Museum aufbewahrte Rosette-Stein
wurde 1799 bei Fort Rosette gefunden. Dank
der in Hieroglyphen sowie in demotischen
und griechischen Schriftzeichen abgefaßten
Inschrift gelang es dem französischen
Gelehrten Champollion im Jahre 1822, die
Hieroglyphen zu entziffern.

19
Port Said (Bur Said), das Tor zum Osten,
wirkt europäischer als die meisten anderen
ägyptischen Städte. Die Straßen sind in einem
rechtwinkligen Gittermuster angelegt.
Kulturgeschichtlich hat die Stadt nur wenig
zu bieten.

20
Ein Vorläufer des Suez-Kanals existierte
bereits in pharaonischen Zeiten; er verband
den Nil mit dem Roten Meer. Der Suez-Kanal
wurde 1869 eröffnet und stand ab 1882 unter
der Verwaltung der Briten, die sich damit die
Kontrolle über den Seeweg nach Indien
sicherten. Nach der Verstaatlichung des
Kanals im Jahre 1956 durch Präsident Nasser
kam es zur gemeinsamen militärischen
Intervention Frankreichs und Englands, der
berühmten Suez-Krise.

21
Gemächlich zieht das Kreuzfahrtschiff an einem klaren Morgen nilaufwärts. Das jenseitige Ufer ist gesäumt von Schlammziegelbehausungen der Bauern; dahinter dehnen sich Bananenpflanzungen aus.

22
Suez am Nordzipfel des Roten Meeres liegt an
der südlichen Einfahrt zum Suez-Kanal, einer
Region, die bereits in der Antike besiedelt
war. Die Stadt selbst wurde im
15. Jahrhundert gegründet, gewann aber erst
mit dem Bau des Suez-Kanals an Bedeutung.

23
Zunehmend seltener ist im modernen Ägypten der Shadouf zu sehen, eine auf altägyptischen Wandmalereien häufig dargestellte Wasserschöpfvorrichtung, die sich als nützliche Erfindung jahrtausendelang bewährt hat.

24
«Lieber als auf irgendeinem anderen Tier dieser Welt würde ich auf einem Esel reiten. Er hat eine flotte Gangart, keine Allüren und ist ebenso gelehrig wie eigensinnig. Satan höchstpersönlich könnte ihn nicht schrecken, und man sitzt bequem, sehr bequem.» (Mark Twain)

wickeln und ohne die unermüdliche Plackerei der ägyptischen Bauern gewiß auch nicht jahrtausendelang überleben können. Die alljährlichen Überschwemmungen schufen die Voraussetzungen für die Besiedlung des Nil-Tals und die Kultivierung des Bodens, doch das Ausmaß des Hochwassers war unterschiedlich und zeitigte mitunter katastrophale Folgen: Ein Zuviel an Wasser überflutete Städte und Dörfer, und strömte es zu spärlich, kam es zu Hungersnöten. Nicht zuletzt war es die Notwendigkeit, die alljährliche Nilschwemme vorauszuberechnen und unter Kontrolle zu halten, die zur Umgestaltung des Landes in einen gut organisierten, zentralistischen Staat führte.

Als «endgültige» Lösung dieses Problems galt die Errichtung des Assuan-Staudammes (Sadd el-Ali) zwischen 1960 und 1970 und die Schaffung des gewaltigen, 550 km langen und bis weit in den Sudan hineinreichenden Nassersees. Der Staudamm, der die Wasserversorgung des 900 km langen Nil-Tales von Assuan bis zum Mittelmeer reguliert, hat dem natürlichen Kreislauf jahreszeitlich bedingter Überschwemmungen ein Ende gemacht. Von den verheerenden Auswirkungen dieses Eingriffs in die Natur wird später noch die Rede sein.

Klima. Im weitaus größten Teil des Landes herrscht ausgesprochen trockenes, heißes Wüstenklima. Im Norden hingegen, insbesondere in der Delta-Region, ist das Klima mediterran, wenn auch etwas trockener als andernorts am Mittelmeer. Von vereinzelten Unwettern abgesehen, fällt im Wüstengebiet unter Umständen jahrelang kein Regen. Nicht ganz so spärlich sind dagegen die Niederschläge im Hochland der Arabischen Wüste östlich des Niltales. In Kairo liegt die Jahresniederschlagsmenge bei 33 mm, und der feuchteste Monat in der Hauptstadt ist der Januar. Alexandria verzeichnet 205 mm und der meiste Regen fällt hier im Dezember.

Strenggenommen gibt es nur zwei Jahreszeiten – die etwas kühleren, angenehmen Monate von November bis April, sowie die mitunter sengend heiße Periode zwischen Mai und Oktober. Die jahreszeitlich bedingten Temperaturunterschiede sowie der Gegensatz zwischen Tag- und Nachttemperaturen sind beachtlich. So klettert beispielsweise in Assuan das Thermometer im Juni tagsüber im Durchschnitt auf 41,7 °C und sinkt nachts auf 16 °C ab. Und auch das Mittelmeer ist viel zu warm, um an der Küste für erträglichere Temperaturen zu sorgen.

Zu den unangenehmsten klimatischen Erscheinungen zählt der Chamsin, ein staub- und sandbefrachteter heißer Südwind. Mitunter weht er mehrere Tage lang ununterbrochen, insbesondere im Frühjahr und Sommer, und beeinträchtigt das gesamte Alltagsleben. Die Sonne ist dann verschleiert und verschwindet nicht selten hinter Schwaden von feinstem Staub, der überall eindringt und auch vor der ungeschützten Kameraausrüstung des Ägyptenreisenden nicht Halt macht.

Die Arabische Wüste. Im wesentlichen gliedert sich Ägypten geographisch in vier Hauptregionen. Östlich des Stromes, zwischen Nil-Tal und Rotem Meer, liegt der lange, schmale Hochlandstreifen der Arabischen Wüste. In das verwitterte Vulkangestein haben sich steile Schluchten eingegraben, die sich oftmals zu tiefen, vorwiegend in Ost-West-Richtung verlaufenden Tälern weiten. Höchste Erhebung dieses im Durchschnitt etwa 600 Meter hohen Wüstengebirges ist der 2187 m hohe Gebel Shayib. Die zerklüftete, landschaftlich reizvolle Küste des Roten Meeres mit ihren wenigen geschützten Häfen ist reich an Korallenriffen und einer vielfältigen Unterwasserwelt, für die Schiffahrt ist sie aber außerordentlich tückisch und gefährlich. Verstreut in einigen Wadis, in denen die spärlichen Niederschläge nicht augenblicklich wieder verdunsten, leben kleine Beduinengruppen sowie vereinzelt Bauern und Hirten. Die einzigen festen Ansiedlungen – Kasseir, Safaga und Hurghada, der größte dieser drei Orte – liegen an der Küste und leben vom Bergbau oder Tourismus.

Die Halbinsel Sinai. Von einer weiten, mit Sanddünen bedeckten Küstenebene im Norden geht der Sinai Richtung Süden allmählich in ein Wüstengebirge über; höchste Erhebung ist der 2646 m hohe Katharinen-Berg (Gebel Katherina), der Berg Sinai der Antike. An seiner Ostflanke fällt das Gebirgsmassiv steil zum Golf von Akaba ab. Nach Westen zu läuft das Wüstengebirge in einen schmalen, sich am Golf von Suez entlangziehenden Küstenstreifen aus. Der Sinai ist spärlich besiedelt, und die wenigen Menschen leben zumeist an der Küste.

Die Libysche Wüste. Diese unwirtlichste Wüste der Welt erstreckt sich westlich des Nil-Tales und bedeckt Dreiviertel des Landes. Im Süden gebirgig, fällt das im übrigen aber zumeist tiefgelegene Gebiet im Nordwesten zu der ausgedehnten, 130 m unter dem Meeresspiegel liegenden Kattara-Senke ab. Hier breitet sich die von trostlosen, felsigen Wüstenstreifen gesäumte große Sandwüste (Erg) aus – eine Region, in der nur vereinzelt Nomaden überleben können. Das Wasser der spärlichen Niederschläge im südlichen Hochland versickert im Wüstenboden und kommt weiter nördlich in einigen genau in der geographischen Mitte Ägyptens liegenden Oasen wieder zum Vorschein. Bewohnt sind diese Oasen von weitgehend autarken Gemeinschaften, die Datteln für den Export anbauen sowie Getreide, Obst und Gemüse für den einheimischen Bedarf.

Das Faijum. Ihre Fruchtbarkeit verdankt diese in den Wüstenboden abgesenkte Oase nicht dem salzhaltigen Karun-See, sondern ihrer Nähe zum Nil. Bewässert wird sie durch den Jussufkanal, einem Seitenarm des Nils und einem verzweigten Kanalsystem. Rund zwei Millionen Menschen leben im Faijum, diesem Garten Eden, der für seine Zitrusfrüchte, Trauben und Oliven, Aprikosen und Feigen ebenso berühmt ist wie für Geflügel, Tauben und allerlei Gebrauchsgegenstände. Überdies werden in dieser Region auch Weizen und Reis angebaut. Zentrum der Oase und Treffpunkt der ländlichen Bevölkerung an den Markttagen ist Medinet el-Fayum. Im Rahmen des «New Valley Proect» (Projekt «Neues Tal») wurden im Laufe der vergangenen Jahre auch die Anbauflächen in den Oasen Dachla und Charga vergrößert – eine Maßnahme, die viele neue Bewohner in diese Region lockte.

Nil-Tal und Nil-Delta. Seit eh und je war das Leben in Ägypten auf Gedeih und Verderb mit der vierten geographischen Region verbunden – mit dem Tal und dem Delta des Nils, der Lebensader des Landes. Nördlich von Kairo mündet der Nil in einem breitgefächerten Delta in das Mittelmeer. Aufgebaut wurde dieses Mündungsbecken durch den Schlamm, den die Wassermassen von der äthiopischen Hochebene im fernen Süden herantrugen, und der sich bei den regelmäßigen Überflutungen als fruchtbares Schwemmland ablagerte. Diesem natürlichen Prozeß wurde durch den Bau des Assuan-Staudammes ein Ende gesetzt. Heute wird der Schlamm von der Staumauer zurückgehalten und gelangt nicht mehr in die Flußmündung. Von der Mittelmeerküste erstreckt sich das Nil-Delta 160 km landeinwärts bis nach Kairo und erreicht zwischen Alexandria und Port Said mit 240 km seine größte Breite. Zur Küste hin senkt es sich leicht ab und geht dort in Sumpfland und zahlreiche, zum Teil ziemlich ausgedehnte Lagunen über. Von dem ursprünglichen Geflecht aus mehreren Nilarmen sind heute nur noch die Mündungsarme von Rosette und Damiette als natürliche Wasserläufe übriggeblieben; alle anderen wurden zu künstlichen Entwässerungskanälen eingedämmt.

Totenbuch (Ägyptisches Museum Turin)

Die Notwendigkeit, die Fluten des Nils zu bändigen, um eine ständig wachsende Bevölkerung zu ernähren und regelmäßig wiederkehrende Hochwasserkatastrophen zu verhindern, hatte man bereits in der Antike erkannt. Der älteste Damm wurde offenbar bereits zwischen 2950 und 2750 v. Chr. in der Nähe von Heluan errichtet. Unseligerweise endete die erste Belastungsprobe mit dem Zusammenbruch des Bauwerkes und einer Katastrophe solchen Ausmaßes, daß man während der nächsten drei Jahrtausende keinen weiteren Versuch in dieser Richtung mehr wagte. Die erste Nil-Talsperre (Barrage) der modernen Geschichte entstand Anfang des 19. Jahrhunderts unter Mohammed Ali Pascha. Weitere Projekte folgten: 1901 bei Zifta, 1902 bei Assiut sowie 1908 bei Esna und 1930 bei Nag Hammadi. Die Vorzüge waren nicht zu übersehen. Mit der Hebung des Wasserspiegels ließen sich die Bewässerungskanäle leichter speisen, und in Zeiten, in denen der Nil Niedrigwasser führte, verhinderten die Stauanlagen den Abfluß von Wasser in das Meer. Größtes Staudammprojekt vor der Revolution Nagnibs und Nassers war der erste Assuan-Staudamm; er wurde 1903 von den Briten erbaut und 1912 und 1934 erweitert.

Der 1970 vollendete Assuan-Hochdamm läßt seinen Vorgänger geradezu als kümmerlich erscheinen. Die Staumauer wurde etwa 7 km südlich des alten Dammes hochgezogen und ist 60 Meter höher. Randvoll gefüllt ist der Nassersee 550 km lang und zieht sich weit hinein in den Sudan. In seiner Breite schwankt er zwischen 8 und 16 km. Zwar wird der Nilschlamm nun vollständig in diesem Wasserreservoir zurückgehalten, aber bis zu einer merklichen Verringerung der Speicherkapazität dürften Jahrhunderte vergehen. Mit diesem Projekt brachte der Mensch die alljährliche Nilschwemme gänzlich unter seine Kontrolle. Zusätzlich werden nun 680 000 Hektar Land ständig bewässert, und damit wuchs die Gesamtanbaufläche um ein Viertel; das bedeutet beispielsweise weitere 400 000 Hektar Kulturboden für den Anbau von Reis. Hinzu kommt noch, daß die Stromerzeugung landesweit für die Deckung des industriellen und privaten Bedarfs ausreichen dürfte.

Doch die Medaille hat eine Kehrseite. Die Überflutung eines so ausgedehnten Abschnittes des Nil-Tales erforderte die Umsiedlung Tausender von Nubiern; sie verloren Heimat und Ackerland. Allein schon die Zahl der Einwohner von Wadi Halfa belief sich auf zehntausend. Auf ägyptischer Seite waren die mit der Schaffung des Nassersees verknüpften Folgen für die Einheimischen nicht so unheilvoll wie im angrenzenden Sudan. Die Betroffenen fanden 50 km weiter nördlich im Distrikt Kom Ombo eine neue Heimat und arbeiten dort vorwiegend in Zuckerraffinerien. Überdies bestehen Pläne zur Vergrößerung der Anbauflächen von Kom Ombo durch Wasser aus dem Nassersee. Schlimmer erging es den insgesamt 50 000 sudanesischen Nubiern. In eine völlig andere Umgebung, etwa 100 km weiter südöstlich in den Distrikt Khasm al-Qirbah am Fluß Atbara umgesiedelt, wußten sie dort mit ihren traditionellen Erfahrungen und Fähigkeiten als Bauern nichts mehr anzufangen. Mittlerweile aber wurde auch hier ein Damm errichtet, und damit hat sich die Situation dieser Menschen zum Besseren gewendet; heute bauen sie in ihrer neuen Heimat dieselben Feldfrüchte an wie einst in der Gegend um Wadi Halfa.

Neben dem bereits erwähnten Nutzen sollte das Dammbauprojekt auch Erleichterungen für die Nilschiffahrt bringen, die Baumwollproduktion um 30 Prozent steigern und die Versorgungslage der Bevölkerung mit jährlich 100 000 Tonnen Fisch aus dem Nassersee verbessern. Doch bei der Gesamtplanung wurde eine Reihe wesentlicher Faktoren übersehen, falsch eingeschätzt oder schlicht ignoriert – in erster Linie die Folgen für Ökologie und Umwelt. Mit der Schaffung eines derart gewaltigen Wasserreservoirs änderte sich das Klima Oberägyptens; die Luftfeuchtigkeit nahm zu, und mittlerweile gibt es in Assuan und im oberen Nil-Tal Regenfälle, wie man sie zuvor nicht kannte. Ein weiteres Problem ist die Tatsache, daß der Nilschlamm, der den Boden so fruchtbar machte und entsalzte, sich nun weitgehend im Stausee ablagert. Heute bedarf es einer kostspieligen Entsalzungsanlage und des Einsatzes von Kunstdünger, um das zu erreichen, was die Natur einst von sich aus zuwege brachte. Der finanzielle Aufwand dafür ist höher als alle übrigen Gewinne, die aufgrund des Assuan-Staudammes auf anderen Sektoren erwirtschaftet werden. Überdies gehen durch Verdunstung über einer derart riesigen Wasserfläche in einer der heißesten Regionen des Erdballs Millionen Kubikmeter Wasser verloren.

Bevölkerung. Die meisten Ägypter leben an den Ufern des Nils. In der Mehrheit von Arabern und Beduinen abstammend, sind sie die Nachfahren jener Nomaden, die im 7. Jahrhundert von der Arabischen Halbinsel kamen und das Gebiet eroberten. Hinzu kommen die Berber, deren Vorfahren aus den westlichen Regionen Nordafrikas zuwanderten, Hamiten aus Äquatorialafrika (zumeist Nubier und andere Nilvölker) sowie Zigeuner, Äthiopier (Abessinier) und Europäer. Über 90 Prozent der Bevölkerung sprechen Arabisch als Muttersprache; die restlichen zehn Prozent kommen aus Europa, Afrika und anderen Kontinenten und leben aus beruflichen oder familiären Gründen in Ägypten.

Trotz Armut, enormer Bevölkerungsdichte und hoher Kindersterblichkeit (94 Todesfälle pro 1000 Lebendgeburten) wächst die Bevölkerung in erschreckendem Tempo und nimmt alljährlich um 2,8 Prozent zu. Die durchschnittliche Lebenserwartung liegt bei 61 Jahren, und derzeit sind 42 Prozent der Ägypter jünger als 15 Jahre.

Dieser Bevölkerungszuwachs, verknüpft mit einer Mechanisierung der Landwirtschaft und der Knappheit an kulturfähigem Boden führte zu einem rapiden Wachstum der Städte, insbesondere der Hauptstadt Kairo, die mit Vororten der 15-Millionen-Marke entgegenrast. In Alexandria leben 3 Millionen Menschen, und Port Said (700 000 Einwohner) und Ismailia (500 000 Einwohner) führen die Liste weiterer 15 Städte mit mehr als 100 000 Einwohnern an.

Rund 60 Prozent der Ägypter leben in Weilern oder Dörfern, der Rest in größeren Orten und Städten mit über 25 000 Einwohnern. Etwa 80 Prozent arbeiten in der Landwirtschaft, für die insgesamt 3 Millionen Hektar Kulturboden zur Verfügung stehen. Nicht selten ringt ein *Fellache,* ein armer Landarbeiter oder Bauer, einem halben Hektar Land seinen Lebensunterhalt ab, und nur wenige sind in der glücklichen Lage, über zwei Hektar Land zu verfügen. Glücklicherweise beschert das Klima jährlich mehrere Ernten, doch das heißt, daß sich der Fellache nicht wie der Bauer in nördlicheren Regionen den Winter über ausruhen kann. Seine schlichte Behausung, eine Lehmziegelhütte, die er von den Eltern geerbt oder selbst errichtet hat, gehört meist zu einem willkürlich zusammengewürfelten Dorf und steht auf einem kleinen Hügel *(Kom),* der aus dem Schutt zerfallener, mitunter aus uralten Zeiten stammender Gebäude aufgeschüttet wurde. Früher, als der Nil noch das Land überflutete, bot dieser erhöhte Standort Schutz vor dem Hochwasser.

Neben dem Anbau von Gemüse für den eigenen Bedarf und zum Verkauf auf dem Markt hält der Fellache Geflügel, Kaninchen und Tauben; sie liefern ihm Eier, Fleisch und Dünger für den Boden. Hinzu kommen dann vielleicht eine oder zwei Ziegen, ein Büffel und zwei ausgemergelte Zugrinder. Transportmittel ist der Esel. Seine Gerätschaften sind einfach: ein primitiver Pflug, Hacke und Mistgabel, eine Sichel und eine Schaufel zum Ziehen von Bewässerungsgräben. Fellachen ernähren sich genügsam und ziehen es vor, ihre Produkte auf dem Markt feilzubieten. Bargeld bringt in erster Linie Baumwolle, die den größten Teil des Ackerbodens einnimmt. Ein kleines Stückchen Land ist für den Anbau von Luzerne *(Berseem)* reserviert, der Futterpflanze für Esel und andere Haustiere; sie wächst rasch und kann in einer Saison bis zu fünfmal geschnitten werden. Und auf dem winzigen Zipfelchen Boden, das dann noch übrigbleibt, werden Gemüse und andere Feldfrüchte angebaut. Der fette, dunkle Boden des Nil-Tales war immer außerordentlich ertragreich. In der Antike baute man vorwiegend Gerste, Hirse und Dinkel an. Später führten die Römer den Brotweizen ein. Oliven gab es im Delta bereits 3000 v. Chr., zudem ist Ägypten die Heimat der Dattelpalme.

Tierwelt. Zwischen sämtlichen Ländern des Mittelmeerraumes existiert eine gewisse Gleichartigkeit, die die Geschichtsschreibung in den letzten Jahrhunderten mehr oder minder überging. Seit Urzeiten bot die Schiffahrt auf dem «Inneren Meer» Gelegenheit zum Handel, zum biologischen und kulturellen Austausch und zur Kommunikation zwischen den Ländern an seinen Küsten. Bereits lange vor der Entstehung menschlichen Lebens war das Mittelmeergebiet Lebensraum für Pflanzen und Tiere mit ähnlichen Lebensbedingungen. Fauna und Flora Südeuropas weisen deshalb zahlreiche Ähnlichkeiten mit der Tier- und Pflanzenwelt Nordafrikas auf, die ihrerseits aber wenig Gemeinsamkeiten mit den pflanzlichen und tierischen Lebewesen südlich der Sahara besitzt. Pflanzen und Tiere des Mittelmeerraumes, zu dem auch das Nil-Tal zählt, sind

tiergeographisch der paläo-arktischen Region zuzuordnen, während der südlich der Sahara gelegene Teil Afrikas zur äthiopischen Region gehört. In dieser Hinsicht ist Ägypten also weitgehend eine Grenzzone. In Urzeiten zählten zur einheimischen Fauna des Landes Tierarten, die man im Süden jenseits der Sahara nicht kannte, beispielsweise Schwein, Rind, Ziege und Hirsch. Im Laufe der wärmeren Zwischeneiszeiten gelangten dann äthiopische Pflanzen, Tiere und Frühzeitmenschen hinunter ins Nil-Tal und drangen hier weiter nach Norden vor als andernorts auf dem Kontinent.

Trotz der durch Übervölkerung und Umweltverschmutzung im Laufe der vergangenen Jahrzehnte hervorgerufenen ökologischen Schäden hat die Vielfalt der Fauna nicht allzusehr gelitten. Allerdings ist der Löwe verschwunden, und freilebende Affen gibt es auch nicht mehr. Auf alten Darstellungen sind vor allem zwei Arten häufig zu sehen – die grüne Meerkatze, die mittlerweile nur noch südlich von Khartum anzutreffen ist, sowie der in der Antike als Verkörperung des Gottes Toth verehrte Mantelpavian; er kommt heute nur noch jenseits der Grenze im Sudan vor.

An kleineren Tieren herrscht kein Mangel. Zur einheimischen Fauna zählen mehrere Fledermausarten, andere Insektenfresser wie Spitzmäuse und Igel sowie zahlreiche Nagetiere, darunter die Ägyptische Wüstenspringmaus (Jerboa) und die Känguruhmaus. Unter den Fleischfressern finden sich allerlei Hundearten. Der halbwilde Ägyptische Hund, eine Kreuzung aus nahöstlicher Hunderasse und Goldschakal, pflegt gemächlich die Straßen zu überqueren und den Verkehr aufzuhalten. Eine schwarze Abart des Goldschakals galt bei den alten Ägyptern als Sinnbild des Gottes Anubis und anderer Unterweltgottheiten. Anzutreffen sind in Ägypten unter anderem auch der possierliche, winzige Großohrfuchs (Fennek), das große Ägyptische Wiesel und das gestreifte Wüstenwiesel sowie Vertreter der Schleichkatzenfamilie wie Ägyptischer Mungo und Ginsterkatze (Genette). Sie sind mit der Hyäne verwandt, von der gleichfalls zwei Arten in Ägypten heimisch sind: die Streifenhyäne im Norden und die kleinere Zibethyäne (Erdwolf) ganz im Süden. Das von den meisten Menschen mit Ägypten in Verbindung gebrachte Tier ist die Katze, und noch heute leben in der Urheimat der europäischen Hauskatze mehrere wilde Rassen.

Allgegenwärtig in Ägypten ist die Taube, die auch viel gezüchtet wird. An den ständig steiler werdenden Ufern des Nils nisten Schwalben, und auf dem Wasser kann man Tölpel und Kormorane beobachten. Die nassen Felder sind von Seiden- und Silberreihern sowie Störchen bevölkert, und in den Lüften schweben allerlei Vertreter der Falkenfamilie.

Was das gefürchtete Nil-Krokodil angeht, so dürften die präparierten Exemplare, die über Torwegen und Türen in Assuan und in Oberägypten zu bestaunen sind, vermutlich bereits mumifiziert sein, nachdem dieses Tier in Ägypten seit langem als ausgestorben gilt. Das letzte Nilpferd in Ägypten wurde 1816 erlegt. Unter den Reptilien finden sich zahlreiche Schlangen, darunter giftige Exemplare wie Kobra und Viper.

Trotz seines verschmutzten Wassers ist der Nil nach wie vor fischreich. Der Katzenwels gedeiht in verseuchten Gewässern sogar besonders gut und macht anderen, delikateren Fischarten nach und nach ihren Lebensraum streitig.

Das Alte Ägypten

Ägypten ist das Land mit der umfangreichsten und ältesten niedergeschriebenen Chronik seiner Geschichte. Die Annalen beginnen mit einer Liste von Königen aus prähistorischer Zeit, deren Namen mündlich überliefert sind. Über die genaue Zeitrechnung sind sich die Gelehrten zwar nach wie vor noch uneins, allgemein aber geht man heute davon aus, daß die 1. Dynastie um 3200 v. Chr. gegründet wurde, zu jener Zeit also, in der man mit der Aufzeichnung der wichtigsten Ereignisse eines jeden Jahres begann. Festgehalten wurde nicht nur die Regierungszeit des jeweiligen Herrschers, sondern beispielsweise auch das Ausmaß der alljährlichen Nilschwemme. Diese Annalen, deren früheste fein in Stein eingeritzt wurden, blieben nur bruchstückhaft erhalten.

Ein weiteres bedeutsames Dokument der ägyptischen Geschichte ist die Königsliste, deren Fragmente im Ägyptischen Museum von Turin zu sehen sind («Turiner Papyrus»). In dieser Liste ist eine lange, sich über Jahrtausende erstreckende Reihe von Dynastien angeführt. Eine Fülle von einschlägigem Material, die erhalten gebliebenen Monumente und Kunstschätze sowie die Erkenntnisse der Archäologen bestätigen diese Aufzeichnungen und machen sie glaubhaft.

Belegt werden die Berichte auch durch die «Geschichte des Manetho» («Aigyptiaka»), eines Priesters und Tempelschreibers. Sie ist in Griechisch abgefaßt und wurde aus allen verfügbaren Aufzeichnungen zusammengetragen, die bis zur griechischen Periode überlebt hatten. Auch wenn die ptolemäischen Dokumente die Dauer der jeweiligen Regierungszeit falsch interpretieren, sind sie doch, was die Fakten angeht, korrekt.

Die Fülle der Details in der Geschichte Ägyptens liefert ein genaues Bild von jeder Epoche des Wohlstandes. Aus der 1. Dynastie existieren Königsgräber, Steintafeln und Aufzeichnungen mit den Titeln Hunderter von Hofbeamten. In der 4. bis 6. Dynastie hielt man das Alltagsleben in zahllosen Reliefs und Malereien an den Grabwänden fest – detaillierte Bildfolgen, wie sie zu keiner anderen Zeit und in keinem anderen Land zu sehen waren. Einzelheiten aus der 12. Dynastie kennt man aus Reiseberichten, Biographien und bildlichen Darstellungen des Alltags auf Lehensgütern. Hinterlassenschaft der 18. bis 20. Dynastie, jener drei Herrschaftsperioden, für die es die umfangreichsten Zeugnisse gibt, sind Hunderte von bemalten Grabkammern im Tal der Könige und im Tal der Königinnen bei Theben. Die meisten der erhalten gebliebenen Monumentalbauten entstammen – von den Großen Pyramiden abgesehen – diesem goldenen Zeitalter der Geschichte Ägyptens.

Nach neueren Untersuchungen britischer Archäologen dürfte die Epoche Tutanchamuns etwas später anzusetzen, der Große Sphinx hingegen wesentlich älter sein. Angesichts einer jahrtausendelang blühenden Kultur spielen jedoch ein paar Jahrhunderte mehr oder weniger für den Betrachter – vom Experten einmal abgesehen – vermutlich kaum eine Rolle. Auch wenn man weiß, daß Stonehenge älter ist als die Pyramiden, tut dies den Wahrzeichen Ägyptens keinerlei Abbruch – sie werden immer zu den außergewöhnlichsten, von Menschenhand geschaffenen Bauwerken zählen.

Vor etwa 20000 Jahren, während der Eiszeit, war die Sahara kein reines Wüstengebiet; dennoch bot das Nil-Tal in Oberägypten einer ständig wachsenden Bevölkerung, die wegen des spärlichen Nahrungsangebotes nicht selten miteinander in Fehde lag, weit günstigere Lebensbedingungen. Nach archäologischen Erkenntnissen zog es bereits vor 18000 Jahren zunehmend mehr Menschen zu dem schmalen grünen Uferstreifen entlang des Nils. In Gegenden wie beispielsweise Wadi Kubbaniya nahe Assuan existierten offenbar größere Gemeinschaften, die sich immer besser darauf verstanden, sich die dortigen Nahrungsquellen zunutze zu machen. Vor etwa 15000 bis 11000 Jahren setzte in dieser Region eine Zeit des Überflusses ein – eine Periode mit ausgedehnten Nilschwemmen, durch die das Tal zum grünen Paradies wurde. An Wild herrschte kein Mangel, in duftenden Hainen konnte man das ganze Jahr über saftige Früchte ernten und in den dunklen Gewässern wimmelte es von Fischen.

Bereits damals, und damit weit früher als im Mittleren Osten oder andernorts auf der Welt, entwickelte sich in Nubien am Oberlauf des Nils eine rudimentäre Form des Dorflebens. In der Gegend von Kadan in Nubien wurde wildes Getreide, das man gesammelt oder gar schon angebaut hatte, zwischen Mahlsteinen zermahlen, die noch heute vorhanden sind. Dieses eindeutige Zeugnis einer sehr früh einsetzenden Seßhaftigkeit zeigt sich noch andernorts, beispielsweise in dem bekannteren Distrikt Kom Ombo, wo sich drei Gemeinschaften die vorhandenen Reichtümer teilten. In Kom Ombo waren die Menschen das ganze Jahr über seßhaft; sie ernteten wildes Getreide und machten sich alles zunutze, was das grüne Flußtal, der schmale Waldgürtel und die angrenzende Wüste zu bieten hatten.

Um 12 000 v. Chr. ernteten die Einheimischen bei Esna Gerste und hielten Tiere; wie weit diese domestiziert waren, läßt sich heute allerdings nicht mehr sagen.

Das Faijum in Unterägypten, also im Norden des Landes, war vor 7000 bis 8000 Jahren ein ausgedehnter See, an dessen Ufern sich Gemeinschaften von Fischern und Jägern niedergelassen hatten. Gefischt wurde – vermutlich von eigens dafür gefertigten Booten aus – mit Fischspeeren und Netzen.

Reichlicher Verzehr von Wildgetreide und das Erleben von Tieren dürfte mit der Zeit dazu geführt haben, bestimmte Pflanzen durch Beseitigung des Unkrautes und gelegentliche Bewässerung zu kultivieren und Tiere lebendig zu erbeuten und zu züchten. Möglicherweise entdeckte man dann das Geheimnis der bewußten Aussaat und Ernte und die Vorteile gezielter Bewässerung mit Hilfe schmaler Gräben. Von diesem Punkt bis zu Ackerbau und Tierzucht bedurfte es nur noch eines kleinen Schrittes.

Obwohl einige Kulturpflanzen und domestizierte Tiere ursprünglich aus dem Mittleren Osten stammen, ist nicht ohne weiteres von der Hand zu weisen, daß Ackerbau und Viehzucht möglicherweise mit afrikanischen Arten ihren Anfang nahmen, und zwar nach derzeitigen archäologischen Erkenntnissen zunächst in der Region südlich der Sahara. Afrikanische Feldfrüchte wie Jamswurzel, Mohren- und Kolbenhirse, Paradieskörner (Malagettapfeffer), abessinisches Liebesgras und andere Sorten kannte man früher als die aus dem Mittleren Osten kommenden Getreidesorten Dinkel und Gerste.

Man weiß aber auch, daß sich Ackerbauern im Nil-Tal erst sehr viel später als beispielsweise in Anatolien und im Gebiet des Fruchtbaren Halbmondes ansiedelten und daß auch in der nahegelegenen Libyschen Wüste schon vor ihnen Menschen seßhaft geworden waren. Bereits um 5000 v. Chr. gab es zum Beispiel im Faijum festgefügte Gemeinschaften. Diese ersten Ackerbauern bauten Gerste, Dinkel und Flachs an und hielten domestizierte Tiere wie Rinder, Schafe und Ziegen sowie Schweine und Hunde.

Hathor, die mütterliche Himmels- und Liebesgöttin, stillt den König.

Vorzeit

Um 4000 v. Chr. entstand die von den Historikern als Vorzeit bezeichnete Kultur. Den späteren, historisch belegten Dynastien vorausgehend, war sie im Grunde genommen eine Aufeinanderfolge eng miteinander verknüpfter Kulturen, die am Stil der als Grabbeigaben gefundenen Tongefäße unterschieden werden und nach den jeweils ersten Fundorten in die Epochen Badari, Negade I, II und III eingeteilt sind. Die frühesten Zeugnisse dieser Kulturen, die sich später noch weiter Richtung Norden und Süden ausbreiteten, finden sich südlich von Assiut in einem 200 km langen Streifen entlang des Nils.

Von der Negade-II-Periode an (3600 v. Chr.) wurde Kupfer für die Herstellung von Flachäxten, Messern und Dolchen verwendet. Man flocht Körbe, wob Leinen, und die Tongefäße waren mit ornamentalem Dekor bemalt. Während des 4. vorchristlichen Jahrtausends fand in Städten wie Hierakonpolis (heute Kamel-Ahmar), Negade und Thinis offenbar eine stetige Entwicklung statt, in deren Verlauf sich die Handwerkskunst bis zu einem gewissen Grad spezialisierte und sich bereits gesellschaftliche Schichten herausbildeten. Im Laufe der Zeit wurde jedes dieser prä-urbanen Zentren zum Kernstück eines Staates mit eigenem König, eigenem Gott und Götterkult.

Vermutlich durch Kontakt mit dem Nahen Osten entwickelten sich in der neolithischen Kultur Ägyptens erste Elemente der Zivilisation. Die Menschen am Nil eigneten sich Bautechniken an, bei denen Stein und Ziegel verarbeitet wurden, verwendeten Siegelrollen zur Kennzeichnung von Eigentum und eine Bilderschrift. Ob diese fremdländischen Neuerungen durch Zuwanderer ins Nil-Tal gelangten oder durch Handelsbeziehungen, ist mit Sicherheit nicht festzustellen.

Um 3500 v. Chr. entstanden zwei Königreiche – eines in Unterägypten, d. h. in der Deltaregion, und das zweite im oberägyptischen Nil-Tal. Die früheste Darstellung findet sich auf dem Relief eines Keulenkopfes aus Hierakonpolis und zeigt den Herrscher mit der hohen weißen Krone Oberägyptens. Etwas jünger ist das erste in sich geschlossene Dokument altägyptischer Kunst – die auf beiden Seiten mit Reliefs verzierte Schiefer-Palette des Königs Narmer. Sein Name ist in der neuen Hieroglyphenschrift in die Palette eingeritzt. Eine Seite zeigt den Herrscher mit der weißen Krone des südlichen Reiches wie er im Angesicht des falkenköpfigen Gottes Horus seine Streitkeule über einem Gefangenen schwingt. Auf der Rückseite nähert sich König Narmer in Begleitung von Priestern und Standartenträgern in zwei Reihen mit geköpften Toten, vermutlich Erschlagenen oder Gefangenen aus einer Schlacht. Bezeichnenderweise trägt er hier die rote Krone des Nordens. Beide Reliefs symbolisieren eindeutig den Triumph des südlichen Reichsgottes Horus und König Narmers, seiner irdischen Verkörperung, über das nördliche Königreich. Überdies spiegelt sich in den Darstellungen die königliche Abkunft des Herrschers wider – er hat die doppelte Größe der anderen Figuren.

Frühzeit

Um 3200 v. Chr. erlangte das im Süden entstandene Reich mit seiner Hauptstadt Thinis Herrschaft über das gesamte Nil-Tal nördlich von Assuan. Die Könige von Thinis gründeten die 1. Dynastie Altägyptens und machten sich selbst zu Pharaonen. Kurz nach Schaffung dieses ausgedehnten Königreiches begann man eifrig Handel zu treiben, Handwerk und Gewerbe blühten und man unterhielt enge Kontakte mit anderen Kulturkreisen, insbesondere mit Mesopotamien.

Im Zusammenschluß Ober- und Unterägyptens sahen die Ägypter von damals das herausragendste Element ihrer Geschichte. Es muß zwischen 3050 und 2900 v. Chr. gewesen sein, als sich entweder Narmer oder Menes selbst zum Herrscher über beide Reiche ausrief. Zur Errichtung einer neuen Hauptstadt ließ Menes, der große König, den Nil umleiten, das Gelände trockenlegen und nannte die neue Metropole «Weiße Mauer»; später wurde sie unter dem Namen Memphis bekannt. Sämtliche Nachfolger von Menes wurden in Memphis gekrönt, und Teil der Krönungszeremonie war ein Rundgang entlang der Mauer. Gott der neuen Stadt war Ptah, der als Schöpfergott ver-

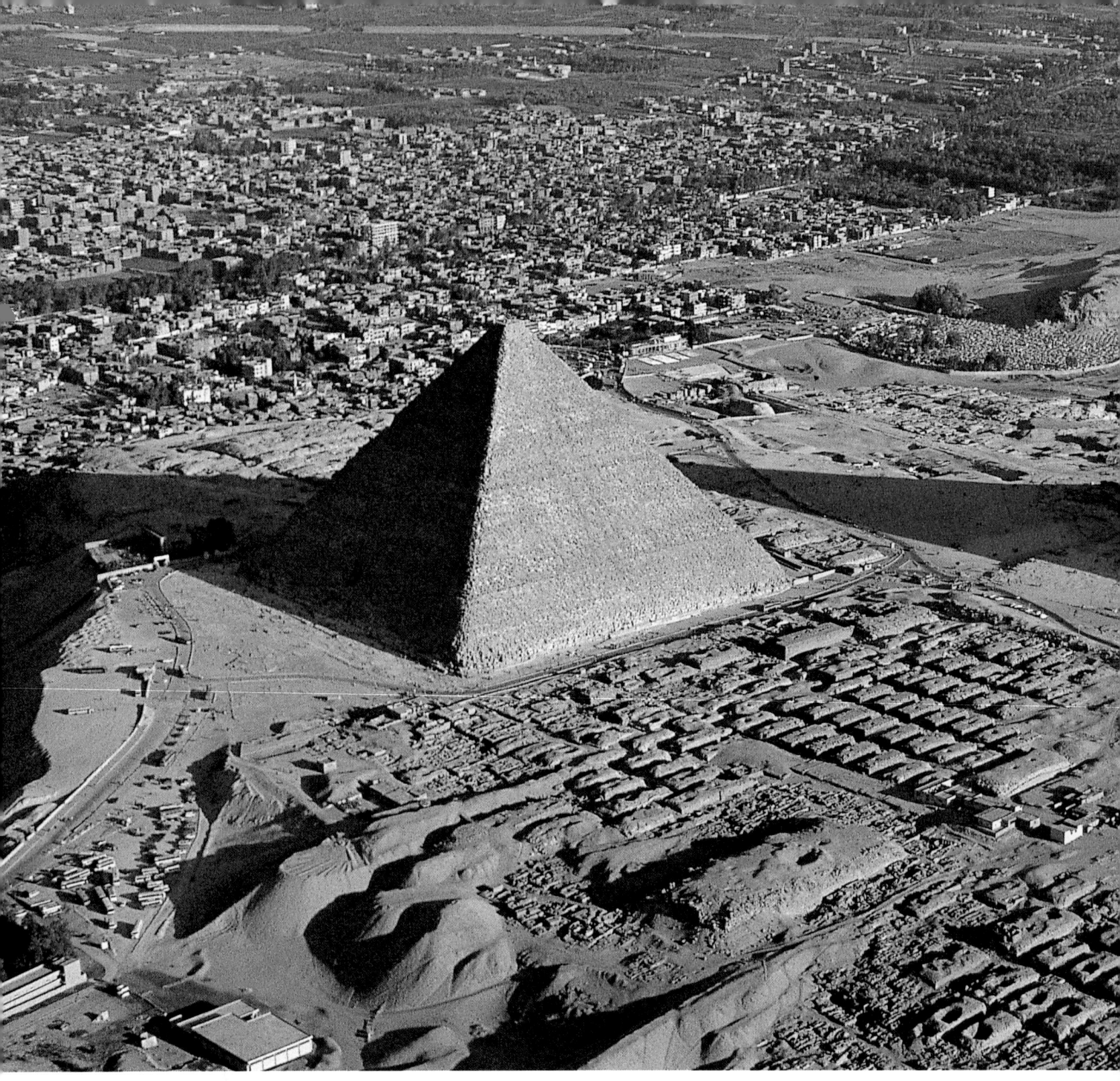

29
*Sonnenuntergang in Giseh. In der westlichen
Welt sind die Erbauer der Großen Pyramiden
unter ihren griechischen Namen Cheops,
Chephren und Mykerinos bekannter als unter
den ägyptischen Namen Khufu, Khefren und
Menkaure. Die Cheops-Grabstätte (links) ist
die größte Pyramide Ägyptens.*

30
Giseh. Die Großen Pyramiden des Mykerinos,
Chephren und Cheops (von links nach rechts).
Die Cheops-Pyramide zählte zu den Sieben
Weltwundern und hat als einziges bis in
unsere Tage überlebt. Pilger, die im
Mittelalter auf ihrem Weg ins Heilige Land
hier vorüberzogen, hielten die Pyramiden für
die «Kornkammern Josephs» und glaubten, es
handle sich um rautenförmige, zur Hälfte in
das Erdreich eingelassene Bauwerke.

31
Giseh in der Morgendämmerung.
Frühmorgens kann es am Rande der Wüste
empfindlich kühl sein, doch die «Bakschisch-
Jungen» warten mit ihren getreuen Eseln und
Kamelen bereits um diese Zeit auf die
Frühaufsteher unter den Touristen.

32
*Ägypten einst und heute. Dröhnende
Hubschrauber zerreißen die friedliche
Morgenstille bei den Großen Pyramiden.*

33–35
*Sonnenuntergang am Rande der Wüste
zwischen Giseh und Sakkara. Nach einem
langen Tag in glühender Hitze streben die
«Wüstenschiffe» gemächlich ihrem
nächtlichen Rastplatz zu. Für wenige
Ägyptische Pfund kann der Besucher, bequem
auf dem schwankenden Rücken eines Kamels
sitzend, über das Gräberfeld reiten – ein
eindrucksvolles Erlebnis, von dem man zu
Hause gerne berichtet.*

36
Trotz harter Konkurrenz — den Tag in Giseh beschließt freundschaftliches Geplauder.

37
Einen atemberaubenden Ausblick bietet die Spitze der Cheops-Pyramide; einst war sie 146 m hoch, und heute ist sie etwa 9 m niedriger. Doch die Besteigung ist inzwischen strengstens verboten.

38
Der Sphinx von Giseh wurde aus einem
natürlichen Felsen herausgeschlagen. Durch
die Erosion sind die härteren und weicheren
Kalksteinschichten nun deutlich zu erkennen.
Anfang des 19. Jahrhunderts war von der fast
vollständig mit Sand zugewehten
Kolossalstatue nur das mächtige Haupt zu
sehen. 1925 wurde der Sphinx vom Sand
befreit und restauriert.

39
«Zu unseren Füßen betrachtete die sanfte
Sphinx von ihrem in Sand gehüllten Thron
aus die Szene so gelassen und nachdenklich
wie sie dies seit vollen fünfzig Jahrhunderten
getan hat ...» schrieb Mark Twain. Doch der
amerikanische Dichter machte einen kleinen
Fehler. Anders als die legendäre griechische
Sphinx, deren Namen die ersten Ägyptologen
übernommen hatten, gilt der der
Verherrlichung eines Pharaos dienende
ägyptische Sphinx nämlich als männlich.

ehrt wurde und von dem man glaubte, er habe das Reich durch sein Wort geschaffen. Was immer der König äußerte, galt als ebenso schöpferisch wie das Wort Ptahs, und man war überzeugt davon, daß alles, was er mit Namen zu nennen geruhte, auch Gestalt annehmen würde.

Im Gegensatz zu anderen Frühzeitkulturen, die in ihrem Herrscher ein Werkzeug der göttlichen Macht sahen, hielt man ihn in Ägypten – und dies war ein für die afrikanische Kulturwelt charakteristisches Element – selbst für einen Gott; schon in den frühesten Aufzeichnungen ist von ihm immer als Gott die Rede. Unter einem absoluten Herrscher, dessen göttlicher Wille niemals in Frage gestellt wurde, war es möglich, eine straffe Organisation aufzuziehen, ohne dabei die Geschlossenheit des Staates durch Uneinigkeit und Zwietracht zu gefährden; einerlei, ob es um die Landnutzung ging, um Fragen der Bewässerung und die alljährliche Nilschwemme, oder um die Rekrutierung von Arbeitskräften für die Verwirklichung gewaltiger Bauvorhaben. Schon König Menes soll damit begonnen haben, Nildämme und ein ausgeklügeltes Netz von Deichen und Kanälen zu bauen, um das Hochwasser für die Bewässerung zu nutzen.

Zur Verwaltung dieses ausgedehnten Königreiches und zur Durchführung ehrgeiziger Bauprojekte bedurfte es einer effizienten Schreibmethode. Mit den soeben ersonnenen Hieroglyphen und der Erfindung von Schreibmaterial aus dem Mark der Papyrusstaude verfügte man über das für diesen Zweck notwendige Werkzeug. Bereits von der 1. Dynastie an führte man Jahreschroniken über Könige, Nilschwemmen und Ernteerträge. Alles wurde aufs sorgfältigste beobachtet und in Kalendern beschrieben – die Bewegungen der Gestirne ebenso wie die Lebenszyklen von Pflanzen und Tieren. Astronomie und Mathematik griffen bald regulierend in die Beziehungen zwischen jenseitigen und irdischen Dingen ein und diktierten Form und Vorschriften für die Errichtung von Bauwerken, für Bewässerungsvorhaben, Kulthandlungen und Feste. Aus einem überlieferten, auf dem Mondjahr aufbauenden Kalender entwickelten die Ägypter einen neuen auf der Grundlage von zwölf Monaten, der später noch genauer berechnet wurde. Jeder Monat hatte 30 Tage; hinzu kamen fünf weitere Tage für Festlichkeiten.

Aha, Djer, Dewen und andere Könige der 1. Dynastie führten offenbar Krieg gegen ihre Nachbarn, die Libyer sowie die Völker der Halbinsel Sinai, der Arabischen Wüste und Nubiens. Die bedeutendsten der wenigen aus dieser Periode übriggebliebenen Zeugnisse ihrer Kultur sind die zumeist aus Lehmziegeln errichteten Gräber in Sakkara bei Memphis und weiter südlich in Abydos, jener Region, aus der die Dynastie hervorging. Wo diese Herrscher tatsächlich begraben wurden, darüber scheinen sich die Gelehrten keineswegs einig zu sein. Manche meinen, sie seien in Sakkara, nahe ihrer neuen Hauptstadt, bestattet worden und hätten zum Zeichen der Verbundenheit mit dem Land ihrer Vorfahren in Abydos nur leere Scheingräber errichten lassen. Wie dem auch sei – die Herrscher der 1. Dynastie waren, wie später auch ihre Nachfolger, zweifelsohne sehr damit beschäftigt, sich bereits zu Lebzeiten eine standesgemäße Grabstätte errichten zu lassen. Mobiliar, Geschmeide, Steingefäße und andere Gegenstände, die man in den königlichen Grabkammern und Palästen fand, lassen das ungewöhnlich hohe Niveau des Kunsthandwerks dieser Epoche erkennen.

Die 2. Dynastie (2760–2620 v. Chr.) scheint eine Periode der Unruhe gewesen zu sein, in der sich die göttliche Vorherrschaft vom falkenköpfigen Gott Horus auf Seth verlagerte, dem Gott der Dürre und heftigen Stürme; er wurde mit dem Kopf des Seth-Tieres, eines hundeartigen Fabelgeschöpfes, dargestellt. Später kam dann offenbar Horus erneut zu Ehren.

40

In spektakuläres Licht getaucht, verfehlt der «Vater des Schreckens» (Abu el-Hol), wie der Sphinx von Giseh oftmals genannt wid, nicht seine Wirkung. Als Wächter der Grabstätte des Pharao Chephren sollte die Figur allein schon durch ihre gewaltigen Ausmaße (57 m lang und 20 m hoch) Grabräuber abschrecken.

Altes Reich

Während die Könige der ersten beiden Dynastien vorwiegend damit befaßt waren, ihr Reich auszudehnen, eine straffe Organisation und öffentliche Einrichtungen zu schaffen, entwickelte sich das Land unter König Djaser in der 3. Dynastie (2620–2570 v. Chr.) zu einer in sich geschlossenen Nation. Manche Ägyptologen halten dies für den Beginn des Alten Reiches, während es für andere Experten erst 100 Jahre später mit der 4. Dynastie seinen Anfang nahm.

König Djoser war der erste, der das Dogma von der alles überragenden Erhabenheit des Herrschers unterhöhlte, als er seinem Baumeister Imhotep die beispiellose Ehre zuteil werden ließ, dessen Standbild im geheiligten Palastbezirk des Gottkönigs aufstellen zu lassen. Imhotep, Hoherpriester und Dichter, Arzt, Magier und Baumeister, wurde in ganz Ägypten berühmt. Und im Laufe der Jahrhunderte mehrte sich sein Ruhm noch. Zur Zeit der Ptolemäer, also über zwei Jahrtausende nach seinem Tode, wurde er zum Gott erhoben und von den ägyptischen Griechen angebetet. Imhoteps herausragendste Leistung war der Komplex der Großen Stufenpyramide in Sakkara auf einem 544 m langen und 277 m breiten Areal. Umschlossen von einer herrlichen weißen Kalksteinmauer, erhoben sich die berühmte Stufenmastaba (Bankgrab) – der erste ägyptische Monumentalbau aus Stein – sowie mehrere andere Bauten, in denen nach dem Tode des Pharao auch dessen Schätze begraben wurden. Die übrigen Könige der 3. Dynastie ließen an ihren Bestattungsorten ähnliche Anlagen errichten, von denen jedoch wenig übriggeblieben ist.

Mit der 4. Dynastie (um 2570–2460 v. Chr.) werden die Berichte ausführlicher und genauer. Aus dieser Periode stammen ungewöhnliche Beispiele der Bildhauerei, darunter die schönsten Skulpturen altägyptischer Kunst sowie Reliefs und Wandmalereien. Bekannt wurde die 4. Dynastie aber vor allem als das Zeitalter der Pyramiden, in dessen Verlauf die Pharaonen Cheops, Chephren und Mykerinos in Giseh (Gisa) ihre großen Pyramiden errichten ließen. Angesichts ihrer Monumentalität, der Präzision ihrer Konstruktion und des Geschickes, mit dem die gewaltigen, tonnenschweren Steinquader bewegt wurden – von dem Aufwand an menschlicher Arbeitskraft und der Kostbarkeit der Grabbeigaben ganz zu schweigen – erfaßt wohl jeden Betrachter ehrfürchtiges Staunen.

Vieles deutet darauf hin, daß zur Zeit der 5. Dynastie (2460–2320 v. Chr.) die Stellung des Königshauses, unterhöhlt und geschwächt von Familienfehden, dem gewaltigen Aufwand für Bauprojekte und anderen Faktoren, nicht mehr unantastbar war. In den Fels gehauene Grabkammern in anderen Provinzen lassen vermuten, daß nicht alle Männer von hohem Ansehen unbedingt Wert darauf legten, in Palastnähe bestattet zu werden. Sie liefern auch Hinweise auf eine gefährliche Entwicklung in Richtung Dezentralisierung, die im Zerfall des Alten Reiches ab 2150 v. Chr. gipfelte.

Zuvor aber führten die Pharaonen der 6. Dynastie noch erfolgreiche Kriege gegen Nachbarländer. Pepi I. unternahm mit seinem General Uni Feldzüge und griff Palästina auf dem Landwege und vom Meer aus an. Gemeinsam mit seinem Sohn und Mitregenten Merenre zog er zum 1. Katarakt nach Elephantine (dem heutigen Assuan) und nahm den Tribut der unterworfenen nubischen Stammesfürsten entgegen. Nach Merenres Tod bestieg Pepis zweiter Sohn als Sechsjähriger den Thron und regierte als Pepi II. 94 Jahre lang über Ägypten.

Allem Anschein nach herrschte auch während des Alten Reiches Wohlstand im Lande. Man trieb weiterhin Handel mit der syrischen Hafenstadt Byblos, kaufte dort Zedernholz und Balsamöl und errichtete eindrucksvolle Königsgräber aus Granit, der aus den Granitsteinbrüchen bei Assuan kam und nach Norden verschifft wurde. Pepi II., ein nachsichtiger Herrscher, verlor im Laufe seiner langjährigen Regentschaft zunehmend die Kontrolle über den weitab von der Hauptstadt residierenden Landadel Oberägyptens. Zu Verwaltungszwecken hatte man das Land in Provinzen (Gaue) aufgeteilt, die unter der Statthalterschaft von Provinzfürsten standen. In zunehmendem Maße strebten die Fürsten des Südens nach Unabhängigkeit und richteten, anstatt sich auf königlichem Terrain beisetzen zu lassen, eigene Friedhöfe ein. Mit dem Tod des Pharaos im gesegneten Alter von 100 Jahren setzte das Totengeläut für das Alte Reich ein. Es zerfiel, und die nun folgende Periode – von den Historikern als Erste Zwischenzeit (2100–2040? v. Chr.) bezeichnet – war von Auseinandersetzungen und Unruhen geprägt.

Zunächst herrschte Anarchie; das Land zersplitterte in Dutzende von Kleinfürstentümern, die einander bekriegten. Die 7. Dynastie verzeichnete 70 Könige und dauerte nur 70 Tage. Dieses System, täglich einen neuen Pharao einzusetzen, war vermutlich ein Notbehelf der Memphiten, um aus der politischen Sackgasse herauszukommen, in die das Land nach dem Ende der 6. Dynastie geraten war. Den desolaten Zustand Ägyptens zur damaligen Zeit beklagte der Weise Ipu-Ur: «... Alles liegt in Scherben; ein Mann

Re-Harachte vereinigt in sich die Eigenschaften des Sonnengottes Re und des falkenköpfigen Gottes Horus.

schlägt seinen Bruder, seiner Mutter Sohn; Pestilenz zieht durch das ganze Land und überall herrscht Blutvergießen; gesetzlose Männer ohne Glauben haben nicht gezögert, das Königtum anzutasten. Ein fremder Stamm ist in Ägypten eingefallen, und allerorts haben sich Nomaden aus der Wüste zu Ägyptern gemacht.»

Nach geraumer Zeit gelang es den Herrschern der 9. und 10. Dynastie, die aus Herakleopolis und nicht aus Memphis kamen, Gesetz und Ordnung im Lande wiederherzustellen und das Nil-Delta, in das Wüstenstämme eingefallen waren, zurückzuerobern. Über Oberägypten herrschten sie allerdings nur dem Namen nach; dort hatten in Wirklichkeit die Gaufürsten das Sagen. Nach und nach gewannen in dieser Region die Thebaner zunehmend an Macht und Einfluß und nahmen schließlich um 2052 v.Chr. Herakleopolis ein. Sie einten das Reich erneut und damit nahm die Periode des Mittleren Reiches ihren Anfang.

Mittleres Reich

Die ersten Pharaonen der 11. Dynastie griffen bereits nach der Macht, als sich die letzten Könige der 10. Dynastie aus Herakleopolis noch nicht geschlagen gegeben hatten. Von Theben aus dehnten die neuen Herrscher ihren Machtbereich zunächst auf Oberägypten und im weiteren Verlauf auf das übrige Land, einschließlich der Deltaregion aus. Mentuhotep II., fünfter König der 11. Dynastie, brach schließlich den letzten Widerstand. Unter seiner langjährigen Regierung wurde die bis dahin unbedeutende Provinzhauptstadt Theben zur Metropole des wiedervereinigten Reiches.

All die Umwälzungen und Widrigkeiten der vorangegangenen Epoche trugen wahrscheinlich zu jenem Geist der Erneuerung und einer Art Humanismus bei, der das Mittlere Reich prägte und in Kunst und Literatur seinen Niederschlag fand. Mentuhotep II. ließ sich, genauso wie seine unmittelbaren Vorgänger, nicht in einer Pyramide bestatten, sondern in einem Totentempel im Talkessel von Der el-Bahri. Der Tempel bestand aus einem Hauptbau, in den man über eine Rampe und zwei in Terrassen angelegte Säulenhallen gelangte.

Aus den überlieferten Schriften spricht eine gewandelte moralische Wertordnung, in deren Rahmen der Herrscher eine größere Verantwortung für seine Untertanen trug, und dem Individuum, der sozialen Gerechtigkeit und Menschenwürde ein höherer Stellenwert beigemessen wurde. Erstmals in der Geschichte dürfte hier der Gedanke von der Gleichheit aller Menschen vor dem Schöpfer aufgekommen sein. Und dies schloß die Vorstellung ein, daß nicht nur Personen königlicher Abkunft Unsterblichkeit erlangen konnten, sondern die Reise in ein Leben nach dem Tode allen Menschen offenstand. Gewährt wurde dieses Recht vom Gott Osiris, dem Herrscher und Richter der Toten. Vom Nil-Delta ausgehend, verbreitete sich die kultische Verehrung des Gottes Osiris nach und nach über ganz Ägypten. Zentrum des Osiris-Kultes war von der 11. Dynastie an die Nekropole Abydos, Altägyptens Stadt der Toten.

Die Vorstellung von den Eigenschaften und «Zuständigkeiten» des Gottes Osiris, seiner Schwester und Gemahlin Isis und der vielen anderen Angehörigen der umfangreichen, vielgestaltigen Götterwelt Altägyptens wandelte sich im Laufe der Jahrtausende immer wieder und macht eine leicht verständliche Auslegung unmöglich. Aus dem religiösen Schriftgut des Mittleren Reiches, insbesondere aus den sogenannten Pyramidentexten, geht hervor, daß die Vorstellung eines himmlischen Lebens nach dem Tode allmählich dem Begriff einer von Osiris beherrschten Unterwelt wich, von der im «Totenbuch» des Neuen Reiches die Rede ist.

Amenemhet I., Begründer der 12. Dynastie (1991–1785 v.Chr.), war der Wesir (oberster Minister) seines Vorgängers gewesen. Nach der Thronbesteigung gründete er in der Nähe von Memphis die neue Hauptstadt Ititowi, von der aus er den Norden des Landes besser im Griff hatte als von Theben aus. Er weitete die Herrschaft Ägyptens über Nubien aus und richtete in Karma am 3. Katarakt einen Handelsposten ein. Sein Sohn Sesostris I. folgte dem Vater in dessen Fußstapfen und nahm Nubien noch fester in die Zange. Überdies griff er Libyen an und brachte die Oasen der Libyschen Wüste unter seine Kontrolle. Später verleibte dann Sesostris III. Ägypten noch das südliche Nubien als Provinz ein. Amenemhet III. legte das Faijum trocken; er ließ den Bahr-el-

Anubis, schakalköpfiger Gott der Unterwelt, und die Göttin Hathor.

Jussuf-Kanal erbauen – noch heute ein bewässerungstechnisches Wunderwerk – und verwandelte die Region in den Garten Eden des Pharonenreiches.

Zu den herausragenden Kunstwerken jener Epoche zählen die Statuen dieser beiden mächtigen Könige, die, ähnlich anderen Stein- und Holzskulpturen aus dieser Dynastie, bemerkenswert ausdrucksstarke, lebensnahe Gesichtszüge tragen. Erhalten geblieben sind aus dieser Zeit zudem ausgesucht schöner Goldschmuck sowie allerlei Gegenstände aus Elfenbein und Edelsteinen; sie lassen teilweise einen ausgeprägt afrikanischen Einfluß erkennen und weisen damit auf die Ausdehnung Ägyptens bis weit in den Süden hin.

Auf die kurze Regierungszeit der Königin Sobeknofru-Re, mit der diese Dynastie endete, folgte erneut eine Periode politischer Unruhen – die Zweite Zwischenzeit (1650–1570 v.Chr.). Für den etwa 135jährigen Zeitraum der 13. und 14. Dynastie weist die Königsliste 30 Pharaonennamen auf. Geschwächt und in sich zerfallen, geriet Ägypten – den Berichten des Historikers Manetho zufolge ohne einen Gegenschlag – unter das Joch der Fremdherrschaft. Im Gefolge politischer Umwälzungen im Nahen Osten hatte sich das asiatische Volk der Hyksos («Herrscher der Fremdländer» oder «Hirtenkönige») im Nil-Delta niedergelassen und dort seine Hauptstadt Auaris gegründet. Von hier aus weitete es seine Herrschaft nach und nach über das gesamte Land aus.

Die genaue Herkunft der Hyksos liegt nach wie vor im dunkeln. Josephus, der jüdisch-römische Historiker, sah in ihnen die Kinder Israels. Mit den Hyksos gelangten vielerlei bisher unbekannte Dinge nach Ägypten, darunter Streitwagen, Harnische und eine syrische Gottheit, die man mit dem einheimischen Gott Seth gleichsetzte. Denkmäler und Skarabäen der Hyksos-Könige finden sich in ganz Ägypten, aber auch auf Kreta und in Bagdad. Eineinhalb Jahrhunderte lang dauerte die Fremdherrschaft. Mittlerweile aber hatten sich die thebanischen Fürsten die Fertigkeiten der Hyksos zu eigen gemacht; sie bestiegen ihre Streitwagen, eroberten Auaris und jagten die Hyksos zurück nach Palästina und Phönizien. Das Eindringen der Hyksos stellte die erste ernsthafte Bedrohung der Eigenstaatlichkeit Ägyptens dar, blieb aber keineswegs die letzte.

Neues Reich

Der Mann, der die Hyksos bezwang und die Oberhoheit Ägyptens wieder herstellte, war Amosis, Begründer der glanzvollen 18. Dynastie. Sein Sohn Amenophis I. setzte das Werk des Vaters fort und eroberte Nubien bis hinaus zum 3. Katarakt zurück, Tuthmosis I. brachte das Gebiet bis zum 4. Nilkatarakt unter ägyptische Herrschaft. Aus der Dynastie ging eine Reihe bemerkenswerter Herrscher hervor, die durch erfolgreiche Feldzüge die Grenzen des Landes zunehmend ausdehnten und seinen Wohlstand mehrten. Ägypten war nun ein Militärstaat, in dem alle Macht in den Händen des Pharao, seines Wesirs und anderer Hofbeamten lag.

Nachfolger von Amenophis I. war Tuthmosis I.; als erster Pharao ließ er sich im Tal der Könige bei Theben bestatten. Königin Hatschepsut, seine Tochter und gegen Ende seiner Regierungszeit auch Mitregentin, folgte ihm auf den Thron und herrschte 20 Jahre lang. Ihr prachtvoller Tempel bei Der el-Bahri zählt zu den schönsten Kleinodien altägyptischer Baukunst. Berühmt wurde auch die Expedition, die sie in das Land Punt (vermutlich an der somalischen Küste) schickte und von der die wunderschönen Friese an den Tempelmauern erzählen. Nach dem Tode der Königin und der Thronbesteigung ihres Mitregenten und Stiefsohnes Tuthmosis III. setzte offensichtlich eine Zerstörungskampagne gegen ihr Andenken ein, der fast alle Darstellungen Hatschepsuts und Erinnerungen an sie zum Opfer fielen. Möglicherweise handelte es sich hier um eine männliche Reaktion auf die Herrschaft einer so mächtigen Frau.

Unter Tuthmosis III. dehnte sich das ägyptische Reich über den Libanon bis Syrien und Mesopotamien aus. Berichte über seine Feldzüge finden sich in Karnak im Tempel des Amun-Re, der mittlerweile zum Reichsgott aufgestiegen war. Amenophis III., der Enkel von Tuthmosis III., ließ gleichfalls Monumentalbauten errichten, insbesondere in Theben; zu erwähnen sind hier vor allem sein prächtiger Palast und der großen Totentempel, von dem heute nur noch die Memnonskolosse existieren. In dieser Zeit wurde Aton, die Sonnenscheibe, nur als eine unter den vielen Gottheiten der ägyptischen Götterwelt verehrt.

Amenophis IV. (1365–1348 v. Chr.), der körperlich schwächliche, aber intellektuelle und geistig aufgeschlossene Sohn und Erbe von Amenophis III., führte den Monotheismus ein und vollzog damit einen grundlegenden Wandel der ägyptischen Religion. Er machte die Sonnenscheibe Aton zum alleinigen Ziel der Gottesverehrung und sich selbst zum Hohenpriester. Alle anderen Götter wurden verworfen, ihre Tempel geschlossen und ihre Namen aus Inschriften ausgemeißelt und getilgt. Überdies ließ er das Vermögen und sämtliche Güter der Priesterschaft konfiszieren.

Um den Amun-Priestern entgegenzutreten, die in Theben politischen Einfluß gewonnen hatten, beschloß Amenophis IV., seine Hauptstadt nach Mittelägypten zu verlegen. Bei Tell el-Amarna, auf halbem Wege zwischen Kairo und Luxor, ließ er die neue Stadt Achet-Aton («Horizont der Sonnenscheibe») erbauen und verlegte im fünften oder sechsten Jahr seiner Regierung seinen Hof dorthin. Den eigenen Namen änderte er in Echnaton («Dem Aton gefällig») und den seiner Gemahlin von Nefertiti in Nofretete. Ihre Schönheit ist in der weltberühmten, bemalten Büste verewigt, die im Ägyptischen Museum von Berlin zu sehen ist. Der zunehmende Naturalismus in der Kunst jener Epoche wird am Beispiel der ebenso berühmten, aus Karnak stammenden Kolossalstatue Echnatons deutlich. Die Skulptur steht heute im Ägyptischen Museum in Kairo und zeigt den «ketzerischen» Pharao als mißgestalteten Mann mit langem, schmalem Gesicht, aufgeworfenen Lippen und Schlitzaugen. Man nimmt an, daß Echnaton selbst den Anstoß für diese neue Entwicklung in der Kunst gab; sie stand im Einklang mit der von ihm ins Leben gerufenen Religion, die auf dem Fundament der Natur und der schöpferischen Kraft der Sonne aufbaute. Der Aton-Kult war schlicht und bestand aus der Opferung von Früchten und Blumen auf einem Altar im Freien.

Amun, selbst eine Sonnengottheit und im Laufe der Zeit mit dem Sonnengott Re zu Amun-Re verschmolzen, blieb unter Echnatons Herrschaft dennoch immer nur eine unter vielen, wenngleich weniger bedeutsamen Gottheiten. Dargestellt wurde er in der Regel in Menschengestalt, Aton hingegen als schlichte Sonnenscheibe.

Trotz allen Eifers dieses bemerkenswerten Herrschers, fanden seine Untertanen wenig Gefallen am Monotheismus, und die Amun-Priesterschaft und konservative Kräfte der Gesellschaft widersetzten sich ihm ganz offen. Nachfolger Echnatons, der offenbar keinen männlichen Erben hinterließ, waren nacheinander zwei seiner Schwiegersöhne. Der zweite, Tutanchamun (1347–1337 v. Chr.) bestieg als 8- oder 9jähriges Kind den Thron und starb mit 18 Jahren. Sein Name zählt heute zu den berühmtesten der Geschichte Altägyptens, nachdem man Anfang dieses Jahrhunderts sein Grab gefunden hatte. Es war unversehrt und mit atemberaubenden Schätzen gefüllt – eine jener archäologischen Entdeckungen, die die Vorstellungskraft der Menschen ganz besonders zu fesseln vermochte. Die Tatsache, daß all diese Kostbarkeiten in dem vergleichsweise kleinen Grab eines unbedeutenden Pharaos gefunden wurden, läßt erahnen, welche Schätze im Laufe vergangener Zeiten durch das Unwesen von Grabräubern verlorengingen, denen es trotz ausgeklügelter Sicherungsmaßnahmen gelang, die Gräber weit größerer Herrscher zu plündern.

Beide Nachfolger Echnatons waren mit Töchtern des Pharaos verheiratet, und deshalb zögerte man etwas, den Aton-Kult gänzlich wieder abzuschaffen. Dies geschah dann aber unter dem nächsten Herrscher Haremhab, einem General, der unter Echnaton gedient hatte.

Die nun folgende 19. Dynastie (ca. 1306–1186 v. Chr.) gilt, zusammen mit der 20. Dynastie, als Ramessiden-Zeit. Während seiner 67jährigen Regentschaft ließ Ramses II., «Der Große», überall in Ägypten und Nubien Monumentalbauten errichten, darunter Abu Simbel und den Großen Säulensaal von Karnak. So eindrucksvoll die Bauwerke auch sind und in Zahl und Größe alles übertreffen, was zuvor oder danach jemals unter einem einzigen Herrscher geschaffen wurde, so deutlich ist aber auch zu erkennen, daß die Überbetonung der Monumentalität auf Kosten kunsthandwerklicher Gestaltung und Vollkommenheit ging.

Seine Residenz verlegte Ramses II. in das Delta, die Region, aus der die Dynastie vermutlich hervorgegangen war. Von dort aus führte er Krieg gegen die Hethiter, die Syrien zurückerobert hatten. Die Schlacht fand bei Kadesch statt, und die Reliefs an den Wänden seiner gewaltigen Tempel legen lebendiges Zeugnis für die Heldentaten des

Pharaos ab. In seinem 21. Regierungsjahr schloß Ramses II. einen Nichtangriffsvertrag mit dem Hethiter-König Hattuschili und besiegelte diesen Pakt durch die Vermählung mit dessen Tochter. Wenige Jahre später fiel das Reich der Hethiter den geheimnisumwitterten indo-europäischen Seevölkern zum Opfer. Vom Balkan und von Gebieten am Schwarzen Meer ausschwärmend, waren sie via Griechenland bis nach Kleinasien gelangt. Merenptah, Nachfolger von Ramses II., stellte sich ihnen an den Grenzen Ägyptens entgegen. In einer blutigen Schlacht, nach der 9000 Tote auf dem Schlachtfeld zurückblieben, besiegte der Pharao die Seevölker und unternahm später noch mehrere Feldzüge zur Rückeroberung zahlreicher Provinzen Syriens und Palästinas.

Nach dem Tode Merenptahs setzte eine Zeit politischer Wirren ein, in deren Verlauf kurz nacheinander fünf Herrscher an der Macht waren. Dann bestieg Sethnacht, der Begründer der 20. Dynastie (1186 – 1070 v. Chr.), den Thron. Sein Sohn Ramses III., ein brillanter Heerführer und Administrator, war der letzte große Pharao Altägyptens. Er nahm eine Neuordnung der Verwaltung vor und schuf eine Klassengesellschaft aus Hofbeamten, Adligen, Soldaten und Handwerkern. Als oberste Beamte fungierten zwei Wesire mit Sitz in Theben für die südlichen Regionen bzw. Heliopolis für den Norden. Ihnen unterstanden Gerichtswesen, Archivierung sowie die Verwaltung der Staatskasse und alle öffentlichen Einrichtungen. Für Nubien war ein Vizekönig verantwortlich; er trug die Titel «Statthalter des südlichen Landes» und «Königssohn von Kusch». In die Verwaltung der vorderasiatischen Provinzen mischten sich die Pharaonen kaum ein, forderten aber hohe Tribute von ihnen – eine Hauptquelle des ägyptischen Wohlstandes zu jener Zeit.

Erstmals in der Geschichte Ägyptens wurde während des Neuen Reiches ein Berufsheer aufgestellt, dessen Angehörige wegen der vorwiegend aus Norden drohenden äußeren Gefahr zumeist im Delta und Unterägypten stationiert waren. Oberster Feldherr war in der Regel ein Mann von königlichem Geblüt. Ramses III., von französischen Forschern als «ägyptischer Napoleon» bezeichnet, mußte die neuerlichen Angriffe der Seevölker abwehren, die diesmal in größeren Scharen aufmarschiert waren und Ägypten in seiner Existenz als unabhängiges Land bedrohten. Überdies unternahm er erfolgreiche Feldzüge gegen Libyen. Bedeutendstes, in Stein verewigtes Vermächtnis dieses Pharaos ist sein Totentempel bei Medinet Habu (Theben-West). Herrliche Reliefs an den Tempelmauern berichten in erstaunlichen Details von den Heldentaten des Retters Ägyptens.

Im eigenen Lande hatte Ramses III. gegen Ende seiner Regierungszeit mit Problemen zu kämpfen, die sich überraschend zeitgemäß anhören – hohe Inflation, Streiks und Korruption, Anstieg der Kriminalität (zur damaligen Zeit die Plünderung von Königsgräbern) sowie politische Instabilität. Diese Probleme spitzten sich unter seinen Nachfolgern zu. Sie alle trugen, vermutlich ihm zu Ehren, den Namen Ramses, verfügten aber bei weitem nicht über seine Fähigkeiten. Verfallserscheinungen zeichneten sich ab, und nach und nach gewann die Amun-Priesterschaft von Theben – wie dies unter einem schwachen Herrscher seit jeher der Fall gewesen war – erneut zunehmend an Macht.

Spätzeit

Die Jahrhunderte zwischen dem Beginn der 21. Dynastie (um 1070 v. Chr.) bis zur Eroberung Ägyptens durch Alexander d. Gr. (332 v. Chr.) waren eine Zeit unaufhaltsamen Niedergangs. Unfähige Pharaonen sahen sich gezwungen, ihre Macht mit einer wachsenden Zahl fast unabhängiger Fürstengeschlechter zu teilen, und das innenpolitische Chaos führte zum Verlust von Prestige und Einfluß außerhalb der Landesgrenzen.

Das Ende des Ramessiden-Zeitalters rief Herihor auf den Plan, einen General, der sich in Theben zum Hohenpriester des Amun machte und erster in einer Reihe von Priesterkönigen war, die die Herrschaft in Oberägypten übernahmen. Auf der Basis offenbar freundschaftlicher Beziehungen teilten sie sich mit den Fürsten von Tanis (Auaris) im Nil-Delta die Macht. Hier hatte Smendes mittlerweile die 21. Dynastie der Taniten gegründet. Nach biblischer Darstellung wurde eine Taniten-Prinzessin die Gemahlin König Salomons – ein Hinweis auf die damalige Macht und das hohe Prestige des Königreiches Israel.

Bes, Gott der Musik und des Tanzes und Beschützer werdender Mütter und Kleinkinder.

Mit Scheschonk I. (in der Bibel Sisak genannt) und dem Beginn der 22. Dynastie um 945 v. Chr., bestieg ein Fürst libyscher Abstammung den Thron. Die sogenannte Bubastiten-Dynastie verdankte ihren Namen der im Delta gelegenen Stadt Bubastis, einer Region, in der die bei den Streitkräften besonders zahlreich vertretenen Libyer seit langem heimisch geworden waren. Offenbar verhalf dieses frische Blut dem im Niedergang begriffenen Land vorübergehend zu neuer Lebenskraft. Scheschonk zog um 930 v. Chr. nach dem Tode Salomons nach Palästina, plünderte Jerusalem und schleppte die Tempelschätze weg. Ein Jahrhundert lang gelang es den Bubastiden-Herrschern, das Reich zusammenzuhalten. Über den Süden wachte ein Mitglied der königlichen Familie, das man zum Hohenpriester des Amun ernannte und in Theben seines Amtes waltete. Mit der Zeit aber stellte sich das vertraute Bild wieder ein. Es kam zum Bürgerkrieg und zur Gründung einer rivalisierenden 23. Dynastie, die rund 80 Jahre lang neben anderen Herrschern im Lande das Sagen hatte.

Um diese Zeit gewann das assyrische Reich erneut an Einfluß und zeigte Expansionsgelüste Richtung Westen. Angesichts dieser Bedrohung taten sich die Kleinfürstentümer unter Tefnacht, dem König von Sais und Gründer der kurzlebigen 24. Dynastie zusammen. Sein Sohn, König Bocchoris, schloß einen Beistandspakt mit den Juden, doch ihre vereinigten Streitkräfte wurden 720 v. Chr. von Sargon II. geschlagen. Gleichzeitig drohte Gefahr aus Richtung Süden; dort lauerten die Herrscher des Reiches Kusch im Sudan (den die Griechen Äthiopien und die Römer Nubien nannten). König Pianchi von Kusch machte sich die Situation zunutze, fiel in Oberägypten ein und gründete die 25. Dynastie der Kuschiten (715–664 v. Chr.). Sein Nachfolger Schabaka brachte dann noch Unterägypten unter seine Kontrolle. Nach einem halben Jahrhundert des Aufschwunges und relativen Wohlstandes brach das Unheil in Gestalt der mächtigen assyrischen Streitmacht über das Land herein. 671 v. Chr. nahm Asarhaddon Memphis ein, und 663 v. Chr. plünderte Assurbanipal Theben.

Psammetich I., Herrscher von Sais und Memphis, befreite Ägypten vom Joch der Assyrer und Kuschiten. Er gründete die 26. Dynastie (664–525 v. Chr.), unter der das Land seine letzte Glanzzeit erlebte. Gewiß kam den saitischen Königen der Umstand zugute, daß das mittlerweile allzu ausgedehnte Assyrer-Reich von Revolten in Babylon, Elam und Arabien geschüttelt und geschwächt wurde. Unterstützt von griechischen Söldnern, schlug Psammetich – einstmals assyrischer Vasall – 658 v. Chr. die Assyrer und jagte sie aus dem Lande. In den fünfzig Jahren seiner Herrschaft blühte die Wirtschaft erneut auf und Unterägypten verwandelte sich in eine gewaltige Kornkammer. Das Machtzentrum sowie der Schwerpunkt von Wirtschaft und Handel lagen nun im Norden und näher am Mittelmeer. Mit der religiösen und politischen Vormachtstellung Thebens war es endgültig vorbei. Der neu erwachte Patriotismus führte zu einer Wiederbelebung des geistigen, intellektuellen und künstlerischen Lebens, und die Künstler ließen sich von den großen Werken des Alten und Mittleren Reiches inspirieren. Vor allem die ungemein ausdrucksstarken Porträtköpfe dieser Periode erregten später die Bewunderung der Römer und dienten ihnen als Vorbilder für eigene Werke.

Die Kontakte mit Griechenland gestalteten sich enger. Psammetich II. machte griechische Söldner zu Offizieren seiner Armee und erwarb eine Flotte griechischer Trieren. 565 v. Chr. entstand im Delta der griechische Freihafen Naukratis. Offenbar aber beschränkte sich der Einfluß Griechenlands auf Angelegenheiten der Streitkräfte, der Schiffahrt und des Handels. Bis zur Ptolemäer-Zeit finden sich jedenfalls in der Kunst oder im Gedankengut Ägyptens so gut wie keinerlei Spuren eines griechischen Einflusses. Im Gegenteil – die Griechen lernten viel von den Ägyptern und profitierten vom Wissen und den Ideen dieser uralten Kultur. Nach den Berichten von Herodot unternahm man bereits damals einen Versuch, Mittelmeer und Rotes Meer durch einen Kanal miteinander zu verbinden.

Die letzte Blütezeit fand ein abruptes Ende, als 525 v. Chr. der persische Herrscher Kambyses in Ägypten einfiel. Persien, die neue Großmacht, hatte kurz zuvor Babylonien vernichtet und war im Begriff, seinen Machtbereich rasch auszudehnen. Kambyses rief sich selbst zum Pharao aus und gründete damit die 27. (persische) Dynastie. In Wirklichkeit aber war Ägypten während der nächsten 200 Jahre zumeist kaum mehr als eine Satrapie des persischen Reiches. Nach einem erfolgreichen Aufstand gegen

41

Darius II. gelang es den letzten drei ägyptischen Dynastien, die Unabhängigkeit des Landes nochmals herzustellen und eine Weile lang zu bewahren (404–343 v. Chr.). Nektanebos I. und Nektanebos II. gingen als letzte große Baumeister in die Geschichte Altägyptens ein. Von den Persern nach einer erneuten Invasion geschlagen, flüchtete Nektanebos II. nach Nubien, und damit fand die drei Jahrtausende während Pharaonenherrschaft ein schmähliches Ende.

Die Ptolemäer

Als Alexander d. Gr. von Makedonien 332 v. Chr. nach seinem Sieg über den Perserkönig Darius III. bei Issos in Ägypten einmarschierte, hieß man ihn als Retter willkommen. Gewohnt und entschlossen rasch zu handeln, nahm er eine Neuordnung des Landes vor, besetzte alle wichtigen Posten mit Griechen, respektierte aber die landesüblichen Sitten und Gebräuche sowie die Religion der Einheimischen. Bei einem Besuch des Amun-Orakels in der Oase Siwa anerkannte ihn der Gott als seinen Sohn, prophezeite ihm die Erlangung der Weltherrschaft. Für die neue Hauptstadt Alexandria wählte der König einen Standort an der Küste. Nach nur sechsmonatiger hektischer Aktivität verließ Alexander Ägypten in Richtung Orient, wo er neun Jahre später starb. Zur Bestattung brachte man seinen Leichnam nach Alexandria zurück, jene Stadt, die zum bleibenden Zeugnis seiner unglaublichen Heldentaten wurde. Von seiner Grabstätte, dem Soma, ist allerdings nichts übriggeblieben.

Nach Alexanders Tod teilten drei seiner Generäle das gewaltige Reich unter sich auf, und damit entstanden drei hellenistische Dynastien: Die Antigoniden in Alexanders Heimat Makedonien, die Seleukiden in Persien und die Ptolemäer in Ägypten. Ptolemaios, Sohn des Lagos, rief sich 305 v. Chr. selbst zum König bzw. Pharao aus; er und seine Nachfolger regierten das Land drei Jahrhunderte lang. Ungeachtet der zunächst ausschließlich griechischen Prägung Alexandrias kleideten sich diese griechischen Herrscher wie die Pharaonen und übernahmen deren Zeremoniell und Götterkult.

Berühmt wurde Alexandria in der Welt der Antike durch seine Universität, seine Bibliothek sowie sein Museum, und nicht zuletzt durch den Pharos, den gewaltigen Leuchtturm, der zu den «Sieben Weltwundern» zählte. Als Zentrum der damaligen zivilisierten Welt zog Alexandria die berühmtesten Philosophen und Gelehrten jener Zeit an. Zahlreiche Größen der Dichtkunst und Wissenschaft der hellenistischen Welt wirkten als Lehrer, Forscher oder Bibliothekare im Museion («Haus der Musen») und in der Bibliothek mit ihren rund 700 000 Schriftrollen – der größten «Schatztruhe» an Wissen aus vorchristlicher Zeit. In der Mehrheit wurden diese Gelehrten aus der königlichen Schatulle bezahlt.

Die Verteidigung des Landes ließen sich die Ptolemäer etwas kosten. Zum Schutz der Mittelmeerküste leistete man sich eine umfangreiche Flotte, Festungsanlagen und -wälle schirmten das Land an der Südgrenze gegen Übergriffe aus Nubien ab, und in Äthiopien eingefangene Elefanten wurden von Leuten, die man aus Indien geholt hatte, abgerichtet und zur Kriegführung eingesetzt. Der Handel blühte. Holz für den Schiffsbau holte man sich von den Ägäischen Inseln, Eisen und andere Handelsgüter kamen aus noch weiter entfernten Regionen. Der Bedarf an Einfuhren führte zum wachsenden Export afrikanischer Produkte wie Elfenbein, Gold und Straußeneiern. Über den Indischen Ozean und das Rote Meer gelangten Edelhölzer, Farben, Seide und Edelsteine ins Land, die samt und sonders in Alexandria verarbeitet und nach Griechenland, Italien und in die Schwarzmeer-Region exportiert wurden. Wichtige Wirtschaftszweige waren zudem die Herstellung von Papyrus, Wolle, Leinen und Glas sowie die Fertigung von Gegenständen aus Gold, Silber und Bronze. Und auch das Bankwesen entwickelte sich; Niederlassungen der Banken von Alexandria fanden sich überall in Ägypten.

An Arbeitskräften dürfte damals kein Mangel geherrscht haben. Den Berichten des griechischen Historikers Diodor zufolge regierte Ptolemaios I. über etwa sieben Millionen Untertanen, die allerdings zumeist den Boden bestellten. Sämtliche Herrscher und Beamte waren Fremde und Ägypten ein Paradies für Zuwanderer. Überall im Lande entstanden Ansiedlungen ehemaliger Soldaten, zumeist griechischer Herkunft. Die überwiegende Mehrheit der Einheimischen hingegen mußte sich mit der Rolle des

42
Am Westrand des Sinai; rechts das Rote Meer.
An dieser Stelle läuft das zerklüftete,
ausgewaschene Gebirgsmassiv in einen
flachen Küstenstreifen aus. Beiderseits der
Hauptstraße finden sich Spuren uralter
Ansiedlungen.

43
*Den Nordwesten der Halbinsel Sinai, eine
von Sand und Dünen geprägte Landschaft,
durchziehen ausgetrocknete Flußtäler
(Wadis). Sie gruben sich während der
seltenen, aber heftigen Regengüsse in grauer
Vorzeit in den Wüstenboden ein.*

44
*Die Sinai-Halbinsel, eingekeilt zwischen
Afrika und Asien, größtenteils eine
unwirtliche, unfruchtbare und baumlose
Sand- und Steinwüste, is die Heimat mehrerer
Beduinen-Stämme, deren Mitgliederzahl aber
im Schwinden begriffen ist.*

45
Der Berg Sinai (Moses-Berg) auf der Halbinsel Sinai. Die Gipfelkapelle ist der Heiligen Dreifaltigkeit geweiht.

46
Das Katharinen-Kloster im Süden des Sinai gilt als bedeutendstes Zeugnis des christlichen Glaubens in Ägypten. 1570 Meter hoch im Wadi el-Deir erbaut, liegt das Kloster zu Füßen des Berges, wo Moses die Gesetzestafeln mit den Zehn Geboten Gottes in Empfang genommen haben soll. 337 stiftete Helena, die Mutter Kaiser Konstantins, den in diesem

einsamen Tal lebenden Eremiten ein Gotteshaus, das an der Stelle des brennenden Dornbusches errichtet wurde. Aus diesen bescheidenen Anfängen entwickelte sich das Kloster mit seiner weltberühmten Bibliothek und Handschriftensammlung.

47
Blick vom Moses-Berg (Gebel Musa, 2285 m), dem zweithöchsten Gipfel des gebirgigen Süd-Sinai. Diese ebenso verlassene wie landschaftlich reizvolle Stelle gilt als südlichster Punkt, den die Israeliten während ihrer 40jährigen Wanderschaft erreichten.

48
Der Nasser-See, ein nach der Errichtung des Assuan-Hochdammes (Sadd el-Ali) von den Nilfluten gespeister Stausee, ist rund 400 km lang und reicht bis weit in den benachbarten Sudan hinein.

49
*Inseln im Staubecken zwischen dem alten
Assuan-Damm und dem neuen Hochdamm.
Den 1. Katarakt nördlich des alten Assuan-
Staudammes hielten die Alten Ägypter für das
Ende der Welt. In den botanischen Gärten
der Insel Elephantine und der Kitchener-Insel
mit ihrer üppigen, vielfältigen Vegetation
fühlt sich der Besucher wie im Garten Eden.*

50
*Das Sheraton-Hotel in Hurghada – eine
Nobelherberge für die Gäste des
gleichnamigen aufstrebenden Ferienzentrums
am Roten Meer, 395 km südlich von Suez. Zu
den Hauptattraktionen zählen herrliche
Sandstrände, einzigartige Fisch-, Tauch- und
Schnorchelgründe sowie Sonnenschein das
ganze Jahr über.*

51
Früher kamen Europäer und Amerikaner
nach Ägypten, um eine Nil-Kreuzfahrt zu
machen — mit Landausflügen bei den großen
antiken Monumenten. Heute besuchen die
Reisenden auch die pittoresken kleinen Häfen
und Fischerdörfer an den Küsten des
Mittelmeeres und des Roten Meeres.

Bauern oder Arbeiters begnügen und Ägypter, von wenigen Ausnahmen abgesehen, gelangten bis zur Mitte des 19. Jahrhunderts nie wieder zu Wohlstand und Macht. Allerdings gab es sehr viele Mischehen, und nach dem Aufstand der Einheimischen unter Ptolemaios V. setzte eine zunehmende Verschmelzung von griechischen und ägyptischen Elementen ein.

Im Zeitalter der Ptolemäer gelangte viel Neues aus der damals bekannten Welt nach Ägypten, und so manche Facette der ägyptischen Kultur wiederum machten sich die Hellenen zu eigen. Ptolemaios I. erhob eine Götter-Triade zur Reichsgottheit; zu ihr zählten Sarapis, eine neu geschaffene Verbindung des heiligen Stieres Apis mit Osiris und Zeus, sowie dessen Gemahlin Isis und Sohn Horus (Harpocartes). Dieses Konzept von Gottvater, Mutter und Sohn lebte in dem wenige Jahrhunderte später einsetzenden Christentum fort. Hauptkultort dieser Religion war das Serapeum in Alexandria, von dem aber nichts übriggeblieben ist. Der Kult verbreitete sich bis in die Ägäis, nach Europa und Indien, und mit dem Aufkommen des Christentums verehrte man das Bildnis der in griechische Gewänder gehüllten Isis als Mutter Christi.

Ähnlich der Religion zeigte sich auch die Kunst der Ptolemäer-Zeit in einer Art Mischform. Um den Respekt und das Wohlwollen ihrer Untertanen zu gewinnen, setzten die Ptolemäer die Tradition der Pharonen fort und errichteten prachtvolle Tempelanlagen, beispielsweise in Edfu und Dendera, sowie den von den Römern vollendeten Isis-Tempel auf der kleinen Insel Philae beim 1. Katarakt.

Angesichts der am Hofe konzentrierten Machtfülle gehörten im Kampf um den Thron Intrigen und Mord zu den üblichen Gepflogenheiten. Im großen und ganzen gelangten die Königinnen zu mehr Macht und Ansehen als die Könige. Kleopatra, letztes Glied in der Kette ptolemäischer Herrscher, setzte alles daran, durch ihre Liebschaften mit Julius Cäsar und Mark Anton auf dem Thron zu bleiben und die Unabhängigkeit Ägyptens zu bewahren. Diese beiden Männer waren Vertreter der nun alles beherrschenden Weltmacht Rom, die sich bereits seit über 100 Jahren in die Politik Ägyptens eingemischt hatte. Unseligerweise entschied sich Kleopatra im römischen Machtkampf für die falsche Seite. Im Jahre 31 v. Chr. marschierte Octavian (der spätere Kaiser Augustus) in Ägypten ein und besiegte seinen Rivalen Mark Anton in der Schlacht von Aktium. Nach einer Version dieser Geschichte, an die sich auch Shakespeare hielt, geriet die Königin in einem entscheidenden Augenblick dieser Seeschlacht in Panik und befahl den ägyptischen Schiffen den Rückzug – eine Fehlentscheidung mit verhängnisvollen Konsequenzen. Wenig später nahm sie sich – von Octavian in Alexandria in die Enge getrieben – das Leben.

Römische und byzantinische Herrschaft

Während der nun folgenden sechs Jahrhunderte war Ägypten eine Provinz jenes Weltreiches, das von Rom und später von Byzanz (Konstantinopel) aus regiert wurde. Ähnlich den Ptolemäern, die er verjagt hatte, betrachtete Kaiser Augustus das Land als persönliche Domäne und ließ eine Einmischung des römischen Senats nicht zu. Sich der lebenswichtigen Bedeutung des ägyptischen Getreides für die Ernährung der römischen Bürger wohl bewußt, verfügte Augustus per Dekret, daß kein Senator ohne kaiserliche Genehmigung seinen Fuß auf ägyptischen Boden setzen durfte. Dahinter steckten handfeste Absichten. Er drohte nämlich, Rom von der lebenswichtigen Getreideversorgung abzuschneiden, falls irgendein aufrührerischer General es wagen sollte, sich der Stadt bemächtigen zu wollen. Von diesem Zeitpunkt an regierte in Ägypten ein sorgsam ausgesuchter Statthalter, der persönliche Beauftragte des Kaisers, der gewissermaßen die Stellung der bisherigen Könige einnahm.

Religion, Sitten und Gebräuche der Einheimischen wurden auch nach Übernahme der Verwaltung durch die Vertreter Roms weitgehend respektiert. Cornelius Gallus, der erste Statthalter, festigte Roms Herrschaft in Oberägypten bis Assuan. Allerdings zeigte sich zwischen ptolemäischen und römischen Gepflogenheiten ein grundlegender Unterschied: Während der in Ägypten erwirtschaftete Reichtum zuvor bei der Herrscherfamilie und damit im Lande blieb, ging nun ein beachtlicher Teil davon nach Rom. Dieser Umstand, dazu wiederholte Aufstände und soziale Umwälzungen, führten mit der Zeit zu Armut und sogar Hungersnöten.

52

Student der Wisse-Wassef-Kunstschule in Giseh. Blaue Augen sind in dem Land, das von so vielen Völkern bewohnt wurde, nichts Ungewöhnliches.

Unruhe stifteten immer wieder die Streitigkeiten zwischen Griechen und Juden, denen Augustus dieselben Privilegien zugestanden hatte. Schon seit geraumer Zeit waren die Juden in Ägypten zahlenmäßig stark vertreten, und das Judenviertel von Alexandria, einer der drei (später vier) wichtigsten Stadtteile, galt als größte jüdische Stadtgemeinde der Welt. Dem großen Aufruhr der Juden und ihrem Massaker an den Griechen unter Kaiser Trajan folgten monatelange Kämpfe gegen römische Truppen; am Ende waren die alexandrinischen Juden so gut wie ausgerottet. Noch einmal wurde die Bevölkerung Alexandrias dezimiert. Als Vergeltung für eine Beleidigung ließ Kaiser Caracalla 215 n. Chr. sämtliche Männer im kriegsdienstfähigen Alter niedermetzeln.

Christliches Ägypten

Bereits sehr früh fand das Christentum in Ägypten zahlreiche Anhänger unter Griechen, Juden und Einheimischen. Den Beweis hierfür liefern Aufzeichnungen über ihre Verfolgung im 3. und zu Beginn des 4. Jahrhunderts durch mehrere römische Kaiser. Den Anfang machte Septimius Severus im Jahre 202 mit der Auflösung der berühmten Katechetenschule von Alexandria, der ersten christlichen Universität. Diese Christenverfolgungen hielten an, bis mit dem Edikt von Mailand (313) die freie Religionsausübung im gesamten Römischen Reich verfügt wurde. Offenkundig aber hatten sie zu einer Stärkung der ägyptischen Kirche beigetragen, deren Gründung dem Apostel Markus zugeschrieben wird und die dem Patriarchen von Alexandrien unterstand. Mitte des 4. Jahrhunderts hatte der neue Glaube im ganzen Lande Wurzeln geschlagen. Athanasius, einer der ersten Kirchenväter, schätzte 339 die Zahl der ägyptischen Bischöfe auf nahezu einhundert. Dennoch wurden die alten Götter trotz des im Edikt des Theodosius (392 n. Chr.) erlassenen Verbotes zumindest bis zur Eroberung des Landes durch die Araber auch weiterhin verehrt, insbesondere in Oberägypten.

Die Bezeichnung «koptisch» für die christliche Kirche Ägyptens und «Kopte» für den Anhänger dieses Glaubens leitet sich aus *Aigyptios* ab, dem griechischen Namen für dieses Land. Später verkürzte sich die Bezeichnung im Arabischen zu «qubti». Die alten Ägypter selbst nannten ihr Land *Kemi* («Land der schwarzen Erde»), während die Araber die altasiatische Bezeichnung *Misr* übernahmen und bis heute beibehielten.

Die erfolgreiche Verbreitung der neuen Religion – im übrigen nicht die einzige, die damals nach Ägypten gelangte – läßt sich vielleicht damit erklären, daß die Vielgötterei den Menschen nicht jenen Halt bot, dessen sie in so unsicheren Zeiten dringend bedurften. Sie brauchten einen dogmatischen Glauben, der sie mit absoluter Gewißheit lehrte, was recht und unrecht war – eine Religion, deren unbestreitbare Wahrheiten ein sicheres Fundament bildeten, auf dem sie ihr Vertrauen aufbauen konnten. Doch der Mensch, von Natur aus ein Zweifler, machte die christliche Lehre bald zum Gegenstand unterschiedlicher Interpretationen. Der Arianismus beispielsweise, nach dem alexandrinischen Kirchenältesten Arius benannt und auf dem Konzil von Nizäa im Jahre 325 als Irrlehre verdammt, leugnete die Wesensgleichheit Christi mit Gottvater. Einhundert Jahre später stellte die gleichfalls als Häresie gebrandmarkte Nestorianische Lehre die Gottesmutterschaft Mariens in Frage. Allen voran waren es die Patriarchen von Alexandria, die sich als Verfechter des orthodoxen Glaubens gegenüber solch «abwegigen» Ansichten hervortaten. Ihre Stadt galt, neben Rom, lange Zeit als zweites Zentrum der Christenheit, bis Konstantinopel diese Rolle übernahm.

Im 5. Jahrhundert entschied sich die christliche Kirche Ägyptens für den Monophysitismus, der Christus nicht zwei Naturen – eine menschliche und eine göttliche – zuerkennt, sondern nur eine einzige gottmenschliche. Aus heutiger Sicht mag dies den Anstrich von Haarspalterei haben, aber unter Kaiser Justinian endete diese Differenzierung mit einem Blutbad, dem vermutlich 200 000 Ägypter, die ihrem Glauben nicht abschwören wollten, zum Opfer fielen. Zum Symbol des nationalen Widerstandes geworden, setzte sich der Monophysitismus schließlich durch und führte zur Spaltung zwischen der in Ägypten noch heute existierenden ägyptischen (koptischen) Kirche und anderen christlichen Glaubensrichtungen.

Ägyptens großer Beitrag zum Christentum ist das Mönchtum, das vermutlich in der Gewohnheit altägyptischer Anachoreten (Einsiedler) wurzelte, sich in die Wüste zurückzuziehen und dort über Amun zu meditieren. Nach Graffiti (Kratzinschriften) in den thebanischen Hügeln zu urteilen, taten sie dies bereits in der 19. Dynastie. Christenverfolgung, Steuerbürde und andere Übel der römischen und byzantinischen Herrschaft dürften so manchen zum christlichen Glauben bekehrten Ägypter dazu bewogen haben, der Gesellschaft den Rücken zu kehren und sein Leben in Einsamkeit, Enthaltsamkeit und mit Gebeten zu verbringen. In seiner ursprünglichen Bedeutung bezeichnete das Wort «Anachoret» sowohl einen Einsiedler wie einen Vogelfreien – nicht selten einen Mann auf der Flucht vor dem Steuereintreiber.

Christliche Eremiten gab es in Ägypten bereits sehr früh, allen voran Paulus von Theben. Als Vater des Mönchtums aber gilt der Heilige Antonius. Er zog sich in der zweiten Hälfte des 3. Jahrhunderts in ein verlassenes Fort am Ostufer des Nils auf der

Die Jungfrau Maria stillt das Kind Jesus. (Relief auf einem Grabstein aus dem Faijum, 5. oder 6. Jahrhundert)

Höhe des Faijum zurück und führte dort ein Leben in Abgeschiedenheit. Allenthalben sprach man von ihm, und mit der Zeit gesellten sich viele andere Asketen dazu, hausten in den Höhlen und Felsen rund um das Fort und vertrauten sich seiner Führung an. Nach gut 20 Jahren tauchte Antonius aus seiner Abgeschiedenheit auf und machte sich daran, Regeln für das Einsiedlerdasein festzulegen; damit schuf er das Fundament des christlichen Mönchtums.

Während jedoch das mönchische Dasein nach den Regeln des Heiligen Antonius, das in Mittel- und Unterägypten weite Verbreitung fand, nach wie vor von zahlreichen Elementen des Anachoretentums geprägt war, begründete der Heilige Pachomius weiter unten im Süden eine straffer durchorganisierte Form des Mönchtums. Um 320 gründete er nahe Dendera die erste Klostergemeinschaft (Zönobium). Das Leben der Mönche, die sich hier zusammengefunden hatten, unterlag festen Regeln; sie versammelten sich zu gemeinsamen Gebeten und Mahlzeiten und verrichteten die ihnen zugewiesenen Arbeiten. Bis zu seinem Tode im Jahre 347 gründete Pachomius noch weitere neun Mönchskloster und ein Nonnenkloster. Er gilt damit als Stifter des ersten geistlichen Ordens, nach dessen Regeln der Prior des Hauptklosters (Mutterhauses) in seiner Funktion als Superior die Äbte der übrigen Klöster ernannte. Dieses System wurde zum Vorbild für die wohlorganisierten christlichen Orden im mittelalterlichen Europa.

Beide Formen des asketischen Lebens breiteten sich in Europa und im Nahen Osten aus. Im Jahre 340 stellte der Hl. Athanasius, Patriarch von Alexandria, das Konzept des Mönchtums in Rom vor, wo seine *Vita Antonii* wenig später ins Lateinische übersetzt wurde. Im Abendland fand das schlichte, eremitische Mönchtum des Antonius zunächst mehr Anklang, mit der Zeit aber setzte sich dann das Leben in der klösterlichen Gemeinschaft durch. Der Heilige Basilius, Begründer des Mönchtums im griechischen Kulturraum, neigte mehr zu den Ideen des Pachomius und stellte Regeln auf, an die sich die Klostergemeinschaften der christlichen Ostkirche noch heute halten. Die Regeln des Heiligen Basilius wiederum beeinflußten den Heiligen Benedikt bei der Gründung seines Ordens. Interessanterweise orientierte sich Pachomius, ein literarisch gebildeter Mann, der sich erst im Alter von 20 Jahren zum Christentum bekehrt hatte, bei den Regeln für seine Klostergemeinschaften an der Organisation der altägyptischen Priesterschaft; er teilte die Mönche in Familien und Wohngemeinschaften ein, wo alle jeweils ähnlichen Beschäftigungen nachgingen. Überdies finden sich in den Klosterregeln des Pachomius auch die vierzig Eigenschaften, die den vorbildlichen Leiter einer Mönchsgemeinschaft ausmachen; zwanzig davon entstammen der Bibel, die restlichen der pharaonischen Tradition. Niedergeschrieben wurden sie in aphoristischer Form, die an das *Totenbuch* erinnert.

Das Mönchtum erfuhr einen erstaunlichen Zulauf. Unter Kaiser Valens (364–378) hatten bereits so viele Männer Klostergelübde abgelegt, daß das Privileg, Mönche vom Kriegsdienst zu befreien, abgeschafft werden mußte. In dieser Frühzeit des Christentums genoß Ägypten hohes Ansehen in der gesamten christlichen Welt, und Pilger strömten herbei, um die «Heimat der Mönche» kennenzulernen und die «lebenden Heiligen» zu verehren. Seine Popularität verdankte das Mönchtum nicht nur dem Wunsch, tyrannischer Fremdherrschaft und einer Gesellschaft zu entfliehen, in der die Korruption wucherte und das Leben von Ungewißheit geprägt war, sondern bis zu einem gewissen Grad auch dem weitverbreiteten Glauben, das Ende der Welt und die Wiederkunft Christi stehe unmittelbar bevor.

Unruhe und Gewalttätigkeit prägten jene Zeit. Mit dem Eindringen persischer Streitkräfte unter Chosrau im Jahre 616 wurde Ägypten vorübergehend vom byzantinischen Joch befreit, doch bereits ein Dutzend Jahre später festigte Kaiser Heraklios die Herrschaft von Byzanz erneut und versuchte, Gesetz und Ordnung in dem vom Chaos geschüttelten Land wieder herzustellen. In dem vergeblichen Bemühen, der orthodoxen Kirche wieder ihren angestammten Platz zu verschaffen, kam es 632 unter Cyrus, dem griechischen Patriarchen von Alexandria und Statthalter von Ägypten, zu einer erbarmungslosen Verfolgung der monophysitischen Kopten. Kein Wunder, daß das ägyptische Volk nach sechs Jahren voll Terror und Gewalt die eindringenden Araber willkommen hieß oder ihnen zumindest so gut wie keinen Widerstand entgegensetzte.

Ägypten, die Araber und der Islam

Die Eroberung

Entschlossen, die Welt für den Islam zu erobern, sah das militante arabische Kalifat in Ägypten eine verlockende und leichte Beute. Dieses Land war nicht nur eine üppig sprudelnde Quelle für Staatseinnahmen und Nahrungsmittel, sondern auch das Sprungbrett für die Eroberung ganz Nordafrikas. Angesichts der ungeordneten Verhältnisse in der byzantinischen Regierung und bei den Streitkräften und einer geknechteten, passiven Bevölkerung schien entschiedener Widerstand wenig wahrscheinlich. Und dies zeigte sich dann auch.

Angeführt von Amr Ibn al-As, dem General des Kalifen Omar, fielen im Jahre 638 n. Chr. 4000 berittene Soldaten unter Umgehung der byzantinischen Flotte auf dem Landwege in Ägypten ein; ein Jahr später folgten weitere 12 000 Mann. Als Statthalter von Ägypten handelte Patriarch Cyrus im November 641 einen Vertrag aus, der die Übernahme Alexandrias an Amr für den September des darauffolgenden Jahres vorsah. Mittlerweile gründete der arabische General nahe dem heutigen Kairo die Stadt Fustat als seinen Stützpunkt. Nach den Vertragsbedingungen behielten die christlichen Ägypter als Gegenleistung für Tributzahlungen und die Versorgung der Besatzungstruppen mit Nahrungsmitteln das Recht zur freien Religionsausübung und Selbstverwaltung. Viele von ihnen sahen in der Niederlage der Byzantiner die göttliche Vergeltung für die unter dem Patriarchen Cyrus erlittenen Verfolgungen. An seine Stelle war inzwischen der koptische Patriarch Benjamin getreten, den Kaiser Heraklios zuvor davongejagt hatte. Angesichts der wiederhergestellten Kirchenhierarchie und einer eigenständigen Verwaltung hatten die Kopten allen Grund, von der neuen Ordnungsmacht angetan zu sein – um so mehr, als sie davon überzeugt waren, die Beduinen würden mit der Kriegsbeute und den geleisteten Tributzahlungen ohnehin bald wieder Richtung Wüste davonziehen. Gründlicher hätten sie sich kaum täuschen können.

Aus der Einflußsphäre des Islam sollte sich das Land nie wieder lösen. Noch kaum einhundert Jahre alt, entwickelte sich der mohammedanische Glaube rasch zu einer ernst zu nehmenden Religion, die keine eindeutige Abgrenzung zur Politik kennt. Fundament eines islamischen Staates ist die Religion, und Rechtsprechung, Ethik und gesellschaftliches Leben werden ausschließlich von den Gesetzen dieser Religion diktiert. Überdies wird ein mohammedanisches Land zum Bestandteil der islamischen Welt insgesamt. Zwar konnte sich Ägypten seine Individualität bewahren, war aber von diesem Zeitpunkt an ein Mitglied der islamischen «Familie», einer Gruppe von Nationen, die in der Verteidigung und Verbreitung der Religion des Propheten Mohammed ihre gemeinsame Sache sahen.

Anerkanntes Zentrum der islamischen Welt war zunächst Damaskus, ab etwa 750 Bagdad und schließlich Ägypten. Nicht alle Einheimischen traten sofort zu dem neuen Glauben über; im Gegenteil – noch 100 Jahre nach der Eroberung des Landes bekannte sich die überwiegende Mehrheit zum Christentum. Beschleunigt wurde der Bekehrungsprozeß dann allerdings durch mehrere Faktoren, darunter eine Sonderbesteuerung für nichtislamische Bürger sowie die wachsende Zahl von Mischehen zwischen Arabern und Christen. Während der ersten 100 Jahre islamischer Herrschaft erlebte Ägypten eine wahre Einwanderungswelle von Arabern, die sich anfangs vorwiegend im sogenannten Hawf im östlichen Deltagebiet ansiedelten. Bei den Zuwanderern handelte es sich zumeist um Soldaten, denen man aber aus Furcht, ihr Kampfgeist könne erlahmen, zunächst den Besitz von eigenem Grund und Boden verwehrte. Umgehen ließ sich dieses Verbot aber durch die Ehe mit einer ägyptischen Christin – eine Gepflogenheit, durch die der moslemische Bevölkerungsanteil zusehends wuchs.

Als «Araber» galten anfänglich nur Menschen rein arabischer Abstammung, während man die islamischen Konvertiten anderer Nationalitäten als *Mawali* («Schützling», «Abhängiger») bezeichnete. Mit der Zeit verwischte sich dieser Unterschied jedoch, teils durch Mischehen wie in Ägypten, teils durch die Lehre des Koran, die die Gleichheit aller Gläubigen verkündete. Die Bezeichnung «arabisch» bürgerte sich dann nach und nach für alle Anhänger des islamischen Glaubens und seiner Kultur ein. Als fester Bestandteil des Islam hatte auch die arabische Sprache Griechisch als Amtssprache Ägyptens um 710 vollständig verdrängt. Koptisch, zunächst weiterhin die Sprache des Volkes, geriet mit der Zeit zunehmend in Vergessenheit und starb als gesprochene Sprache im 17. Jahrhundert endgültig aus. Zu hören ist sie heute nur noch im Rahmen der koptischen Liturgie. Ägypten war nun durch und durch ein islamisches Land.

Ankunft der Türken

Ganz reibungslos verlief die Entwicklung nicht. Die dem Land aufgebürdete Steuerlast wog zunehmend schwerer und rief beim Volk Unruhe und Aufruhr hervor. Mit der Zeit führte dies zu einem Autoritätsverlust der Kalifen, doch alle Hoffnungen, die Fremdherrschaft abzuschütteln und auf Dauer wieder Eigenständigkeit zu erlangen, zerschlugen sich mit der Ankunft neuer türkischer Statthalter. Ab 850 traten türkische Soldaten, zum Teil ehemalige Palastgarden aus Bagdad, mehr und mehr an die Stelle arabischer Krieger, und mit Sultan Achmed Ibn Tulun kam 868 erstmals ein türkischer Herrscher an die Macht. Angesichts der nach wie vor schweren Steuerbürde und noch härterer Repressalien gegenüber den Christen, traten die Einheimischen scharenweise zum Islam über.

In unterschiedlichen Phasen verlaufend, dauerte die Türkenherrschaft in Ägypten insgesamt nahezu 1000 Jahre. Eine Reihe autokratischer, aber halbwegs wohlwollender Despoten, zum Teil kurdischer oder tscherkessischer Abstammung, verhalf Ägypten erneut zu Stabilität. Auf dem Höhepunkt der Türkenherrschaft und nach der Zerstörung Bagdads durch die Mongolen im 13. Jahrhundert, wurde das Land zum Zentrum der islamischen Kultur und zum Bollwerk des Islam gegen die Angriffe des Christentums. In einer Zeit bedeutsamer politischer, literarischer und religiöser Entwicklungen in der gesamten «zivilisierten» Welt hatte sich Ägypten, der einst bescheidene Vorposten des Islam, zur Hochburg des mohammedanischen Glaubens gewandelt.

Achmed Ibn Tulun, der erste türkische Sultan, brachte Ägypten Wohlstand und Stabilität. Die von ihm gegründete Dynastie herrschte von 868 bis 905. Er startete ein erfolgreiches Bauprogramm und hinterließ als bleibendes Denkmal die nach ihm benannte Große Moschee in Kairo. Der Legende nach soll ein Stückchen Papyrus, das Tulun gedankenverloren um den Finger gewickelt hatte, den Sultan zu der ungewöhnlichen Spiralform des Minaretts seiner neuen Moschee inspiriert haben. In ihrem Grundriß ist sie angeblich der Kaaba, dem Hauptheiligtum des Islam in Mekka, nachempfunden.

Auf die Tulun-Dynastie folgte eine etwa 30jährige Periode der Unruhe und Aufstände, der Mohammed Tughi – bekannter unter dem Namen Mohammed el-Ichschid – mit der Gründung eines neuen Herrscherhauses ein Ende bereitete. Seine Regentschaft war vor allem geprägt durch landwirtschaftliche Reformen und eine Blütezeit der Kunst. Weniger ersprießlich sind die Erinnerungen an einen späteren Herrscher derselben Dynastie. Der Name des abessinischen Eunuchen Kafur wurde in der arabischen Welt zum Synonym für Tyrannei, wenngleich seine angebliche Schreckensherrschaft historisch nicht belegt ist. Nach Kafurs Tod wurde Ägypten nicht mehr von starker Hand, sondern erneut von einer schwachen Regierung geführt; hinzu kamen dürftige Nilschwemmen und Mißernten. Angesichts wirtschaftlicher Unwägbarkeiten und eines demoralisierten Volkes war es dem Fatimiden-General Gohar ein Leichtes, 969 die Herrschaft an sich zu reißen.

Die Fatimiden

Zu Beginn der Fatimiden-Herrschaft war die Islamisierung Ägyptens noch voll im Gange, und die 200 Jahre unter diesen Landesherren wurden zu einer Blütezeit dieser kulturellen Entwicklung. Die Fatimiden, die sich nach der Tochter des Propheten Mohammed nannten, gehörten der islamischen Minderheitensekte der Schiiten an. In den Augen der orthodoxen Sunniten, die in Bagdad residierten, galten sie als Ketzer. Als Kalif el-Hakim im Jahre 1018 irrsinnig wurde und verkündete, er selbst sei Gott, nahm die fatimidische Religion eine seltsame Wendung, aus der schließlich nochmals eine neue mohammedanische Sekte hervorging. Deren Anhänger, die Drusen, waren davon überzeugt, daß el-Hakim nicht gestorben, sondern nur vorübergehend entschwunden sei und bald in messianischer Herrlichkeit zurückkehren werde.

Nach der Machtübernahme in Ägypten im Jahre 669 errichtete General Gohar nördlich von El-Katabi, dem Tuluniden-Viertel des heutigen Kairo, eine neue Kalifen-Residenz und gilt damit als eigentlicher Gründer der Stadt. Der Legende nach erschien bei der Grundsteinlegung der Planet Mars am Himmel; im Arabischen *el-Kahira* («der Siegreiche») genannt, entwickelte sich daraus der heutige Name Kairo.

Seit eh und je galt die Lage Kairos als außerordentlich günstig, weil an dieser Stelle der Nil dank der beiden Strominseln el-Gesira und el-Rawda mühelos zu überqueren war. Älteste bekannte Ansiedlung war Cheri-Aha («Ort des Kampfes»), wo Seth und Horus miteinander gekämpft haben sollen. Später nannten die Griechen diesen Ort Babylon – eine Ableitung des altägyptischen Namens Per-Hapi-en-On («Haus des Nils von Heliopolis»). Während der Eroberung Ägyptens durch die Araber hatte General Amr Ibn al-As hier sein Feldlager aufgeschlagen, aus dem El-Fustat (heute Alt-Kairo), die neue Hauptstadt des Landes, hervorging. Die Tuluniden dehnten El-Fustat Richtung Norden aus, aber erst unter den Fatimiden entwickelte sich die Stadt zum Zentrum der geistigen und religiösen Kultur. 972 vollendete Gohar die El-Ashar-Moschee, und 988 wurde die Islamische Universität gegründet. Später mehrte Sultan el-Mustansir Ägyptens Ruf als Kulturnation noch durch die Schaffung einer Bibliothek mit über 100 000 Bänden.

Zum Verhängnis wurden den Fatimiden schließlich ihre eigenen Palastgarden, die gemeinsam mit Offizieren und Söldnern an Einfluß gewonnen hatten. Eine Rolle spielte dabei auch die schwindende Toleranz von seiten der Herrschenden gegenüber ethnischen und religiösen Minderheiten. Erzürnt darüber, taten auch die Streitkräfte – ein exotisches Nationalitätengemisch – das ihre dazu, den Aufstand gegen die Fatimiden-Herrscher zu schüren, die letztendlich selbst auch nur Fremde im Lande waren.

Saladin

Mit der Aijubiden-Dynastie übernahmen die Kurden 1171 das Zepter in Ägypten. Gegründet wurde sie von dem großen Saladin (Salah-el-Din, 1137–1193), der während der Kreuzzüge eine ruhmreiche Rolle gespielt hatte und noch heute als Held verehrt wird. 1187 eroberte er Jerusalem zurück, ein Unterfangen, das die Fatimiden nach einem hoffnungslosen Versuch rasch aufgegeben hatten. Zuvor oberster Minister jenes Sultans, zu dessen Sturz er selbst beigetragen hatte, begann der neue Herrscher Ägyptens mit dem Bau der gewaltigen Zitadelle von Kairo, die jahrhundertelang als eine der mächstigsten Festungen im islamischen Raum galt. Als Baumaterial verwendete man unter anderem auch die Steine mehrerer kleiner Pyramiden, und bis zur Vollendung vergingen 30 Jahre. Zur Stärkung seiner Position gegenüber den Kreuzrittern dehnte Saladin seine militärische Macht über Syrien und Mesopotamien aus und stützte sich dabei zur Sicherung dieser Vormachtstellung auf seine eigenen Landsleute, die Kurden, sowie die Mamelucken – türkische Sklaven, die sich in der Armee zu Palastgarden hochgedient hatten.

In den Genuß dieser Blütezeit der Kunst und Gelehrsamkeit und des Anblicks prachtvoller Bauwerke kamen allerdings nur jene, die in Kairo und Alexandria, den Kulturmetropolen Ägyptens, lebten. Die überwiegende Mehrheit der Landbewohner fristete ihr Dasein in jämmerlicher Armut, und ihr Wohlergehen kümmerte die herrschende Oberschicht nur wenig. Gleichgültigkeit gegenüber dem Volk und die Konzentration auf Expansionspolitik, Heiligen Krieg und die Förderung eigener ethnischer Interessen machte die Aijubiden, ebenso wie ihre Vorgänger, verwundbar. Nach einer vergleichsweise kurzen Herrschaft von rund 70 Jahren wurden sie von den Soldaten vertrieben, die sie einst zu ihrem eigenen Schutz in Dienst gestellt hatten.

Die Mamelucken

Die Mamelucken waren Sklaven, die von der Türkei nach Ägypten gebracht worden waren und dort als Soldaten Dienst taten – ein ethnisches Gemisch aus Türken, Kurden und Südslawen, Albanern, Mongolen und Angehörigen anderer zentralasiatischer Stämme. Ihre Leibeigenschaft (mamluk = «Eigentum») war jedoch insofern ungewöhnlich, als sie weniger Eigentum ihres Herrn, sondern ihm vielmehr «verpflichtet» waren. Diese «Bande» zwischen Gebieter und Knecht bedeutete, daß ein Mameluck nicht selten nach dem Tode seines Herrn dessen Befehlsgewalt übernahm. Nachdem die Mamelucken ihren gemeinsamen Herren die Kontrolle über Ägypten gewaltsam abgerungen hatten, bildete sich eine hierarchisch geordnete Kriegerkaste heraus, die sich von der einheimischen Bevölkerung immer fernhielt.

Wenn auch ihrem innersten Wesen nach Soldaten, waren die Mamelucken keineswegs Barbaren. Unter ihrer Herrschaft hielt die Blütezeit der ägyptischen Kultur an, und überall wuchsen – ähnlich den schlanken Türmen der gotischen Kathedralen Europas – neue Minarette in den Himmel. Künste und Gelehrsamkeit standen unter der Schirmherrschaft der neuen Landesherren, und reich geschmückte Handschriften sowie ausgesucht schöne Gegenstände aus Elfenbein, Metall, Ton, Glas und Leder zeugen von dem hohen künstlerischen Niveau der damaligen Zeit. Ägypten hatte sich zum Zentrum der islamischen Kultur entwickelt, und seine Städte konnten es mit der Blütezeit des mittelalterlichen Europas durchaus aufnehmen. Ein Großteil der zur Förderung der Künste aufgewendeten Mittel stammte aus dem Handel, und auch öffentliche Einrichtungen sowie Projekte zur Stärkung und Verbesserung der Wirtschaft kamen nicht zu kurz. Wirtschaftliche Vorhaben in Ägypten hatten in der Regel immer etwas mit den Fluten des Nils zu tun, dem Herzblut des Landes. Neue Bewässerungskanäle, Brücken, Dämme und Aquädukte ermöglichten nun den Menschen, diese kostbare Lebensader besser zu nutzen.

Höchst ungewöhnlich war die Einrichtung eines Postsystems durch Sultan Baibars (1260–1277), einem der ersten und berühmtesten Mamelucken-Herrscher. Allerdings sollte dieser Nachrichtendienst in erster Linie militärischen Zwecken dienen und weniger der Beförderung von Handels- oder Privatkorrespondenz. In Verwaltungsangelegenheiten waren die Mamelucken offensichtlich ziemlich gewitzt. Angeblich besetzten sie Verwaltungsposten nicht mit islamischen Landsleuten, sondern vorzugsweise mit Kopten, die über ein gesundes Gespür für Geschäfte und Zahlen verfügten.

Insgesamt gesehen teilt sich die Mamelucken-Zeit in zwei Epochen – die bahritische oder türkische Herrschaft von 1250 bis 1382 und die burdjitische oder tscherkessische Periode, die mit der Einverleibung Ägyptens in das Osmanische Reich im Jahre 1517 endete. Mit der Alleinherrschaft der Mamelucken war es von diesem Zeitpunkt an zwar vorbei, nicht aber mit ihrem Einfluß im Lande. Er machte sich bis Anfang des 19. Jahrhunderts bemerkbar und wurde erst von Mohammed Ali endgültig unterbunden.

Unter den Mamelucken dehnte sich der Herrschaftsbereich Ägyptens von den Gebirgen der südlichen Türkei im Norden bis hinunter nach Nubien im Süden aus, und vom Mittelmeer bis zum Arabischen Meer. 1260 stellten die Mamelucken ihr Talent als Krieger unter Beweis; sie drängten die Mongolen in Palästina zurück und bannten damit die unmittelbare Gefahr einer mongolischen Invasion in Ägypten. Im Anschluß daran unternahm Sultan Baibars mehrere erfolgreiche Feldzüge gegen die Kreuzritter, Armenier und Seldschuken in Kleinasien.

Das Osmanische Reich

Mit der Zeit ließ selbst die Mamelucken ihr Kriegsglück im Stich. Wirtschaftskrisen, interne Querelen und der Größenwahn des alternden Sultans Qansuh schwächten und unterhöhlten ihr Herrschaftsgefüge derart, daß sie dem Ansturm fremder Eindringlinge nicht mehr standhalten konnten. Im Kampf waren sie dem neuen Herrscher des Osmanischen Reiches Selim I. und dessen gut gedrillten Streitkräften nicht gewachsen. Selim I. schlug die Mamelucken im Jahre 1516 bei Aleppo und bemächtigte sich im Jahr darauf

59

Luxor. Die Minarette einer Moschee scheinen aus den Ruinen des Tempels von Amenophis III. emporzuwachsen. Im Vordergrund die schlanken Säulen römischer und byzantinischer Bauten.

60

Tal der Könige. Horus-Relief über dem Eingang zum Grab von Sethos I. Die farbigen Reliefs dieser Grabstätte zählen zu den schönsten ihrer Art in der altägyptischen Kunst und stehen jenen in dem gleichfalls von Sethos erbauten Tempel von Abydos in nichts nach.

62

Theben-West, Tal der Könige. Eingang zum Grab des um 1290 v. Chr. verstorbenen Pharaos Sethos I. Die Grabstätte, eine der schönsten und am besten erhaltenen im Tal der Könige, wurde 1817 von Giovanni Battista Belzoni «ausgeschlachtet»; er verschacherte den herrlichen Alabaster-Sarkophag nach London, wo er heute im Soane-Museum zu bewundern ist.

108

61
Dendera. Blick auf den Tempel
mit dem heiligen Tempelbezirk
und auf den Nil, der hier in
einer weiten Schleife
dahinströmt. Die Anlage, zur
Zeit der Ptolemäer und Römer
erbaut und der Liebes- und
Himmelsgöttin Hathor geweiht,
gehört zu den am besten
erhaltenen und jüngsten
Tempelbauten Ägyptens. Eine
Kultstätte befand sich hier aber
bereits während des Alten
Reiches.

63
Putzaktion im Göttertempel.
Vor dem Ramesseum in Theben-
West hält ein «privater»
Fremdenführer Ausschau nach
Kundschaft. Die Griechen
nannten diese Tempelanlage
Memnonium oder Grab des
User-Maat, einer der vielen
Namen Ramses' II. Innerhalb
des von einer drei Meter dicken
Schlammziegelmauer
umschlossenen Tempelbezirkes
befinden sich zahlreiche
Lagerräume.

64
Der Luxor-Tempel von Südwesten gesehen.
Im Vordergrund das von Alexander dem
Großen umgestaltete Allerheiligste; dahinter
der Säulengang von Amenophis III. Während
der hier stattfindenden «son et lumière»
(Ton- und Lichtschau) wird das staubbedeckte,
düstere Mauerwerk in magisches Licht
getaucht.

65
Kom Ombo. Ziehbrunnen und daran
anschließende Zisterne mit dazugehöriger
Treppe bildeten eine hydraulische
Vorrichtung, die bei den Kulthandlungen für
den krokodilköpfigen Gott Sobek
Verwendung fand. Geweiht war der Tempel
zwei Göttern – Sobek und dem
falkenköpfigen Horus.

66
Sonnenuntergang in Karnak. Durch das gewaltige Tor gleiten die letzten Sonnenstrahlen in das Allerheiligste des Großen Amun-Tempels.

67
Luxor. Zwei der vier Sitzbilder Ramses' II. Den Tempel von Luxor – architektonisches Glanzstück der 18. Dynastie – ließ Amenophis III. als Geschenk für seinen «Vater» Amun-Re, den Gott der Götter, errichten. Unter Echnaton, seinem «ketzerischen Sohn», wurde alles, was mit Amun in Zusammenhang stand, vernichtet; spätere Herrscher ließen die Reliefs wieder herstellen.

68
Theben-West. Zweiter Pylon des Ramesseums
mit vier als Torsos erhalten gebliebenen
Kolossalstatuen von Ramses II. Angesichts der
Granittrümmer eines solchen Ramses-
Kolosses fühlte sich Shelley zu den berühmten
Zeilen inspiriert: «Mein Name ist
Ozymandias, König der Könige; seht auf
meine Werke, ihr Mächtigen, und
verzweifelt.»

69
Karnak. Großer Hof des Amun-Tempels. Als
einzige von ursprünglich zehn ragt heute nur
noch diese Papyrusbündelsäule der
Säulenhalle des Taharka empor, eines
äthiopischen Pharaos der 25. Dynastie.

70

Karnak. Eine Palme als lebendiges
Gegenstück zum Obelisken der Königin
Hatschepsut. Der östliche Teil der
Tempelstadt jenseits des 4. und 5. Pylons ist
nicht so eindrucksvoll und gut erhalten wie
der westliche Bereich, aber auch hier findet
sich eine Fülle facettenreicher Bauwerke und
herrlicher Wandreliefs.

71

Kom Ombo. Für die Ptolemäer-Zeit
charakteristische Blütenblatt-Kapitelle im
Tempel des Sobek und Horus. Die
Wandreliefs zeigen Ptolemaios VI., VII. und
VIII. sowie Kleopatra II. und III. beim
Darbringen von Opfergaben für die
Tempelgottheiten.

72

*Der südliche der beiden Memnonskolosse.
Beim Erdbeben 27 v. Chr. bekam sein
Gefährte Risse. Dieser Schaden soll die
Ursache für ein Summen gewesen sein, das
der Koloß vo da an allmorgendlich bei
Sonnenaufgang vernehmen ließ. Nach der
Restaurierung der Sitzfigur durch Kaiser
Septimius Severus im Jahre 200 n. Chr.
verstummte die gigantische Figur wieder.*

73
Die Memnonskolosse in Theben-West. Diese
beiden Kolossalfiguren verkörpern den
Pharao Amenophis III. und bewachten
ursprünglich den Eingang seines inzwischen
verschwundenen Totentempels. Die aus
Sandsteinmonolithen gemeißelten Giganten
waren einstmals mindestens 21 Meter hoch.

74
Luxor. Die Sphingen-Allee ließ Pharao Nektanbeos I. (30. Dynastie) anlegen. Er war der letzte Herrscher, der der großen, von Amenophis III. während der 18. Dynastie erbauten Tempelanlage Neues hinzufügte.

75
Karnak. Eine der Sphinx-Alleen, auf der alljährlich zum Fest des Gottes Amun eine feierliche Prozession vom Nil zum Großen Tempel zog. Diese kultische Prozession, deren Teilnehmer auf Nil-Barken von Luxor kamen, ist auf den Reliefs des gewaltigen Tempelkomplexes wiederholt dargestellt.

76
Die Insel Agilkia – neuer Standort der
meisten der einst auf der legendären Insel
Philae beheimateten Tempelbauten. Für
Griechen und Römer war die Insel Philae ein
Paradies am Rande der damals bekannten
Welt. Nach dem Bau des alten Assuan-
Staudammes wurde sie aber immer wieder
überschwemmt und drohte mit der
Errichtung des neuen Assuan-Hochdammes
endgültig zu versinken. Im Zuge einer
Rettungsaktion der UNESCO trug man die
Bauwerke der Insel Stein für Stein ab und
fügte sie auf der höhergelegenen Nachbarinsel

wieder zusammen. Seit 1980 sind die Tempelbauten an ihrem neuen Standort der Öffentlichkeit zugänglich.

77
Kernstück der großen Pyramide von Illahun im Faijum – genauer gesagt der Pyramidenanlage von Sesostris II. (12. Dynastie). Erhalten geblieben ist nur der mit Nilschlammziegeln aufgefüllte innere Pyramidenbereich. Der gesamte Komplex, zu dem auch die Pyramide der Gemahlin des Pharao sowie aus dem Fels herausgeschlagene Mastabas (Stufengräber) gehören, ist von einer Mauer umschlossen.

der Herrschaft über Ägypten. In den ersten fünf Jahren seiner Regentschaft hatte er bereits zuvor Persien und Syrien unterworfen. Mit der Eroberung durch Selim verlor Ägypten seine Souveränität und wurde zu einer Provinz des Osmanischen Reiches degradiert.

Konstantinopel (das heutige Istanbul) war nun das Zentrum der islamischen Welt und für alle religiösen und politischen Belange Ägyptens zuständig. Als Ehrenbezeugung hatte man Selim die Schlüssel der Heiligen Stadt des Islam übergeben, und zum Zeichen seiner Funktion als «Beschützer der Heiligen Stätten» wurden Fahne und Mantel des Propheten nun in Konstantinopel aufbewahrt. Anstatt von seiner Anbindung an das türkische Reich zu profitieren, setzte für Ägypten ein unaufhaltsamer Niedergang ein.

Regiert wurde das Land von einem durch den Sultan ernannten Statthalter oder Pascha, dem ein Rat («Diwan») von 24 Mamelucken-Beys zur Seite stand; sie waren für die Steuereintreibung zuständig. Das Wohlergehen des Fellachen draußen auf den Feldern kümmerte die Paschas ebensowenig wie einst ihre Vorgänger. Zwar bemühte man sich bis zu einem gewissen Grad um eine Verbesserung der Ackerbaumethoden und erließ den Fellachen sogar einen Teil ihrer Steuerbürde, doch jeder noch so geringfügige Profit der Bauern wurde augenblicklich von der Raffgier der rasch wachsenden Schicht von despotischen Grundbesitzern aufgesogen, die sich bei näherem Hinsehen erneut als Mamelucken entpuppten. Aus ihrer zentralen Machtposition verjagt, setzten sie nun alles daran, ihre Rechte über ihren Status als Landaristokraten zu sichern. Innerhalb kurzer Zeit erwies sich dieses Konzept als ungemein erfolgreich. Erneut gewannen die Mamelucken derartig an Einfluß, daß sie im Grunde genommen als Mitregenten in Ägypten wieder das Sagen hatten und mit den Türken um die Vorherrschaft rangen. Mit der Schwächung des Osmanischen Reiches büßte auch der Pascha an Autorität ein. In Wirklichkeit lag die Macht in den Händen der jeweils beiden obersten Mameluckenführern, die den Titel Scheich el-Balad bzw. Emir el-Hajj führten und häufig miteinander in Fehde lagen.

Invasion der Europäer

1768 erfolgte der erste echte Schritt in Richtung Abspaltung vom Osmanischen Reich. In seiner Eigenschaft als Scheich el-Balad stellte Ali Bey die Tributzahlungen an die Türkei ein, prägte seine eigenen Münzen und verbündete sich im Russisch-Türkischen Krieg mit den Russen. Dieser Versuch zur Wiedererlangung der Unabhängigkeit endete mit dem Tod Ali Beys; er erlag den Verwundungen, die er in einer Schlacht gegen die Soldaten seines ehrgeizigen Schwiegersohnes Abu Dahab erlitten hatte. Als Scheich el-Balad erkannte Abu Dahab die Oberhoheit der Hohen Pforte (türkische Regierung) zwar wieder an, doch als 30 Jahre später Napoleon an der Spitze seiner Truppen in Ägypten einmarschierte, war es damit endgültig vorbei. Mit dieser Invasion wurde Ägypten, das erneutes Interesse an Geschäften mit den Europäern signalisiert hatte, das Opfer eigener Machenschaften. Das Land hatte nämlich die Rivalität zwischen England und Frankreich für sich ausgenutzt und Handelsverträge mit beiden Staaten abgeschlossen.

Der Versuch, diese Rivalität zu schüren, war zwar erfolgreich, zeitigte aber nicht die Ergebnisse, die sich die Ägypter versprochen hatten. Napoleon fand einen Vorwand, an den Nil zu ziehen und seine Truppen in die fruchtbaren Regionen jenes Landes zu führen, das mit seiner strategisch günstigen Lage zwischen Afrika und Asien eine verlockende Beute für jede expansionslüsternde europäische Nation darstellte. Militärisch befand sich Ägypten in einer schwachen Position; seine Bevölkerung war auf drei bis vier Millionen geschrumpft und betrug damit nur noch etwa halb so viel wie zur Zeit der Eroberung durch die Araber. Überdies fehlte es dem Land an innerer Geschlossenheit. Seit Jahrhunderten bestand eine Kluft zwischen der herrschenden Soldatenaristokratie und dem einfachen Volk, und nun tat sich auch noch ein Spalt zwischen den Herren des Landes – den Türken und den Mamelucken – auf. Ohne sich sonderlich zu verausgaben, schlug Napoleon 1798 in der Schlacht bei den Pyramiden das Mamelucken-Heer und übernahm wenig später in Ägypten das Ruder.

Sein Erfolg war dem Volk nicht ganz unwillkommen. In seinen auf Beschwichtigung ausgerichteten Antrittsreden konnte er die Scheichs allerdings nicht davon überzeugen, daß er ein Schüler Mohammeds sei und der Prophet selbst ihn geleitet und beschützt habe. Ägyptens Anbindung an das Osmanische Reich war nun durchtrennt, die Macht der Mamelucken weitgehend unterhöhlt (wenn auch nur vorübergehend, wie sich später zeigte) und das Volk schöpfte Hoffnung auf einen Neubeginn und Gleichberechtigung. Zwar empfanden die Menschen die weltlich ausgerichtete, von rationalem Denken geprägte napoleonische Herrschaft als massive Beeinträchtigung ihres Glaubens, andererseits sahen sie aber auch die Chancen zur Selbstverwaltung und Verbesserung ihrer Lebensbedingungen. Frankreich behielt sich zwar das letzte Wort vor, gestand aber den Ägyptern unter Führung des Diwans oder Staatsrates in den meisten Angelegenheiten Eigenständigkeit zu.

In Begleitung Napoleons kam eine Gruppe gebildeter Herren nach Ägypten – 165 Experten auf den Gebieten der Wissenschaft, Literatur und Kunst. Sie bildeten gewissermaßen die Vorhut einer neuen Vereinigung, die sich das Studium des Landes und der Lebensweise seiner Bewohner zur Aufgabe machte. Neben der Erforschung seiner Geschichte und der Erkundung seiner Ressourcen wollte man die Druckerpresse ins Land bringen, Akademien gründen und innovative Entwicklungsprojekte ins Leben rufen. Dieser Kreis von Gelehrten wurde später unter der Bezeichnung «Ägypten-Gesellschaft» bekannt, die trotz des nur sehr kurzen französischen Intermezzos in Ägypten nachhaltigen Einfluß ausübte und den Weg für spätere Projekte ebnete. Das Interesse der Mitglieder an der Geschichte und Archäologie Altägyptens bereitete den Boden für die Ägyptologie als eigenständiges Studienfach.

Napoleons Erfolg stand allerdings auf schwankendem Boden. Der osmanische Sultan hatte sich mit England und Rußland verbündet und fügte der französischen Flotte in der Bucht von Abukir sowie der Armee, die zum Schutze Ägyptens vor einer türkischen Invasion nach Syrien vorgestoßen war, vernichtende Niederlagen bei. Napoleon selbst zog sich 1799 nach Paris zurück und überließ das Land seinen Stellvertretern, die sich noch zwei weitere Jahre lang abmühten, bis das wackelige französische Regime schließlich gänzlich zusammenbrach.

Mehmed Ali

In den folgenden beiden Jahren wurde Ägypten von bürgerkriegsähnlichen Unruhen erschüttert. Mamelucken und Türken gingen sich nach wie vor gegenseitig an die Kehle, aber keine Seite war stark genug, das Heft in die Hand zu nehmen. In dieser Situation tauchte Mehmed Ali auf – eine Führerfigur, die über ausreichend Pragmatismus und staatsmännisches Geschick verfügte, um Ägypten erneut zu einen. Mehmed Ali – Albaner, Analphabet und von niedriger Herkunft, zunächst Kaufmann und dann Soldat – entwickelte sich dank seiner Fähigkeiten zu einem der größten ägyptischen Politiker aller Zeiten. Er beeinflußte den Lauf der jüngeren Geschichte des Landes ganz entscheidend, und seine dynastische Linie überlebte im Auf und Ab dieser Geschichte bis zum Jahre 1953.

Während der Herrschaft Mehmed Alis von 1805 bis 1847 veränderten Reformen auf dem Gebiet der Politik, Verwaltung, Technologie und Landwirtschaft das Leben in Ägypten von Grund auf. An Gerechtigkeit und Sozialreformen persönlich weniger interessiert, lag ihm vor allem die Stärkung und Wohlhabenheit Ägyptens am Herzen. Als Soldat und ehemaliger Kaufmann hegte er vor allem zwei Interessen – Militärstrategie und Entwicklung der Wirtschaft. Seinen Zielen näherrücken konnte Mehmed Ali nur durch Veränderung einer Gesellschaftsordnung, in der Korruption und Rückständigkeit dem Fortschritt im Wege standen. Mit den englischen und französischen Streitkräften war er als Soldat selbst in Berührung gekommen und er erkannte die Vorzüge europäischer Technologie, die er nun in Ägypten einzuführen gedachte.

Seine Machtbefugnisse gewährte ihm zwar der Form nach der türkische Sultan, in Wirklichkeit jedoch verschaffte Mehmed Ali seinem Lande die Selbstverwaltung. Das Osmanische Reich, später als «Kranker Mann Europas» bezeichnet, war in seinem Gefüge viel zu morsch, um ein Ägypten zu verkraften, das nun ehrgeizig auf Wohlstand und

Wachstum bedacht war. Um seinem Land zu Stärke und Unabhängigkeit zu verhelfen, mußte sich Mehmed Ali zunächst der Innenpolitik zuwenden und Einmütigkeit im Volke herstellen. Er machte sich daran, die letzten Spuren der Mamelucken-Herrschaft auszumerzen und nutzte die internen Querelen ihrer Führer dazu, ihren Einfluß im Lande auszuhöhlen. Überdies gelang es ihm, im Volk Stimmung gegen Mamelucken und Türken zu machen, indem er ihnen die Schuld an Ägyptens Misere zuschob. Und auch vor Blutvergießen schreckte der neue starke Mann nicht zurück. Spektakulärstes Vorkommnis in dieser Beziehung war das Massaker an nahezu 500 Mamelucken-Beys, die er zu einem Festmahl in die Zitadelle von Kairo geladen hatte und dort niedermetzeln ließ.

Eine der bemerkenswertesten und für einen grundlegenden Wandel längst überfälligen Reformen war die Neuverteilung von Grund und Boden. Jahrhundertelang hatten allzu nachlässige Herrscher die Militäraristokratie mit Ländereien bedacht – eine Gepflogenheit, die nicht nur zur Verarmung der Einheimischen führte, sondern letztlich auch zur Schwächung der eigenen Position durch die Entstehung einer neuen Grundbesitzerkaste aus bewaffneten, ehrgeizigen Beys. Später wurden dann auch die für die Steuereintreibung Verantwortlichen mit Landbesitz entlohnt. Dieses als *Iltizam* bezeichnete System unterhöhlte die Kontrolle durch die Zentralregierung und lieferte die Fellachen auf Gedeih und Verderb dem Landbesitzer aus, der gierig zusammenraffte, was an Erträgen und Gewinn aus seinen Ländereien herauszuholen war.

Mehmed Alis Taktik schloß eine weitreichende Verstaatlichung des Grund und Bodens ein. Mit der Rückforderung von Landbesitz bot sich ihm eine weitere Möglichkeit, die Macht der Mamelucken, die vom *Iltizam*-System mit am meisten profitiert hatten, zu beschneiden. Doch trotz der Neuverteilung von Grund und Boden an die Bauern und Dorfältesten führte dies letztendlich erneut zur Entstehung ausgedehnter Landgüter und einer Schicht wohlhabender Grundbesitzer. Seine eigenen Regierungsbediensteten sowie andere Verwaltungs- und Provinzbeamte bedachte er gleichfalls mit steuerfreien Ländereien. Pachtbesitz auf Lebenszeit verwandelte sich nach und nach in erbliches Eigentum, so daß sich nun, nachdem die Macht der bisherigen Großgrundbesitzer gebrochen und ein neues System eingeführt worden war, wiederum eine privilegierte Minderheit herauskristallisierte, die über ausgedehnte Ländereien verfügte. Immerhin aber bediente man sich mittlerweile verbesserter Anbaumethoden, und die Fellachen wurden nicht mehr ganz so barbarisch unterdrückt wie zuvor.

Auch des desolaten Zustandes der ägyptischen Streitkräfte nahm sich der neue Herrscher an. Die im Dienst stehenden Truppen waren viel zu unberechenbar und im Grunde genommen zu gefährlich, um ihnen erneut Zügel anzulegen. Deshalb sah er sich nach anderen Kämpfern um, die bereit waren, der neuen Nation zu dienen. Die einheimi-

Gästezimmer (Edward Lane, 1860)

schen Fellachen waren niemals zu Kriegsdiensten herangezogen worden – zumindest ein Vorzug des alten Regimes, unter dem ausschließlich der Militäradel in die Schlacht zu ziehen pflegte. Mehmed Ali bemühte sich, das eigene Volk nicht zum Militärdienst zu verpflichten, zumal es ohnehin zum Aufbau der Wirtschaft gebraucht wurde. Nach einem erfolglosen Versuch, Sudanesen für das Militär anzuwerben, in dessen Verlauf Tausende von ihnen erkrankten und starben, sah er sich dann allerdings doch gezwungen, für eine schlagkräftige Armee auf die eigenen Landsleute zurückzugreifen. Ausgebildet wurden sie nun in Militärschulen und -akademien, wo man die neuen Soldaten auch in die Taktiken moderner Kriegführung einweihte.

Zur Hebung des allgemeinen Niveaus der Streitkräfte reformierte man auch das Bildungswesen und richtete Schulen nach europäischen Normen ein. Mehmed Ali selbst war bereits jenseits der vierzig, als er lesen lernte. Wie viele Menschen, die niemals die Chance einer guten Bildung erhalten hatten, maß er ihr einen besonders hohen Stellenwert bei. Zu Hunderten schickte er junge Ägypter zum Studium nach Paris und London, deren dort erworbene Kenntnisse auf den Gebieten Landwirtschaft und Maschinenbau, Medizin und Wirtschaft nach ihrer Rückkehr ihrem Heimatland zugute kamen.

Hand in Hand mit all diesen Reformen ging die Modernisierung von Industrie und Handel und brachte Ägypten eine bisher nicht gekannte finanzielle Sicherheit. Die Baumwollproduktion, nun unter staatlicher Aufsicht, wurde gefördert und zum tragenden Pfeiler der Wirtschaft. Mit den Einnahmen daraus finanzierte der Pascha unter anderem die Truppenübungen und -manöver, für die er ein besonderes Faible hatte. Man baute Fabriken, Lagerhäuser und Waffenlager und produzierte Papier, Zucker und Chemikalien, Waffen und Armeeuniformen. Wenn auch im Vergleich zum hohen europäischen Standard relativ bescheiden und unausgereift, stellten die in Ägypten eingesetzten Maschinen und Technologien einen enormen Fortschritt dar, und mit dem Ausbau des Transportwesens auf Straßen und Flüssen gestaltete sich auch die Verteilung der Güter wesentlich wirtschaftlicher. Mit Hilfe französischer Ingenieure errichtete man neue Dämme und Kanäle zur Erweiterung des Bewässerungssystems und gewann damit weitere 400000 Hektar Kulturboden.

In seiner Religion und Ethik blieb das Land treu dem Islam verbunden, und Türkisch als Amtssprache wurde erst nach 1845 von der arabischen Sprache abgelöst. (Mehmed Ali selbst erlernte das Arabische nie.) In zunehmendem Maße aber blickte Ägypten nach Europa als Orientierungshilfe. Mehmed Ali holte sich Europäer ins Kabinett, und neben dem islamischen Gesetz wurden auch Elemente der französischen Rechtsprechung übernommen. Mit einer Einwanderungswelle ausländischer Arbeitskräfte aus allen Schichten kamen scharenweise Franzosen, Italiener und Griechen an den Nil, und die Kommunikation zwischen Ägypten und Europa verlief nun ganz und gar nicht mehr einseitig.

In seiner Außenpolitik setzte Mehmed Ali weiterhin auf Aggression. Bei seinen Feldzügen in den Mittleren Osten konnte er stets auf die Sachkenntnis und das Geschick seines ältesten Sohnes Ibrahim zählen, während ihm die Unfähigkeit seines Zweitgeborenen Tussun manchen Stolperstein in den Weg legte. Mehmed Ali eroberte den Sudan und sicherte sich das Wohlwollen des türkischen Sultans, als er eine Invasion des Heiligen Islamischen Landes abwehrte. Aus seinen Sympathien für Europa grenzte er England aus; er fürchtete nämlich, englische Interessen in Ägypten könnten zu einer Bedrohung seiner eigenen Machtposition ausarten.

Dieser Argwohn war wohlbegründet. Die Besetzung zahlreicher Gebiete entlang der Ostküste des Roten Meeres durch Mehmed Alis Streitkräfte bereitete den Engländern Kopfzerbrechen. 1841 schlossen sie sich mit Frankreich, Preußen, Österreich und Rußland zu einer Allianz zusammen, um ihn in seinen Expansionsgelüsten zu bremsen. Vom Sudan abgesehen, entriß diese Allianz in bewaffneten Einsätzen Mehmed Ali sämtliche von ihm eroberten Gebiete. Um jene Zeit bereits ein alter Mann, dankte der Pascha 1847 zugunsten seines Sohnes Ibrahim ab, nachdem er dessen Position als erbberechtigter Pascha von der Allianz zuvor hatte «absegnen» lassen. Binnen Jahresfrist starb Ibrahim jedoch, und mit seinem Neffen und Nachfolger Abbas, dem Sohn seines Bruders Tussun, kam ein reaktionärer Despot an die Macht.

Der Wandel zum modernen Staat

Khedive Ismail

Die Ära Mehmed Alis stand ganz im Zeichen des Übergangs Ägyptens in das moderne Zeitalter. Seine unmittelbaren Nachfolger taten sich nicht sonderlich hervor, doch dann kam Ismail, ein Enkel Mehmed Alis, und machte von sich reden. Er trat sein Amt 1863 an und erhielt später den Titel eines Khediven (Vizekönig), der mit dem Recht der direkten Erbfolge ausgestattet war. Ismail übernahm ein Land, das im Begriff war, im Chaos zu versinken – ein Land, das sich bemühte, europäische Errungenschaften und Einsichten zu imitieren, ohne über die für derlei Ambitionen erforderliche Infrastruktur zu verfügen.

Der Suez-Kanal

Wenige Jahre nach Ismails Machtübernahme veränderte ein Ereignis das Erscheinungsbild Ägyptens unwiderruflich und wurde zum prägenden Faktor für die Beziehungen des Landes zu ausländischen Mächten – die Eröffnung des Suez-Kanals im Jahre 1869. Bereits im Alten Ägypten hatte man von einer Wasserstraße als Verbindungsglied zwischen Mittelmeer und Rotem Meer geträumt. Und später hielt man die Durchführung dieses Projektes wegen des errechneten Unterschiedes im Wasserniveau beider Meere von etwa neun Metern für außerordentlich schwierig. Napoleons Ingenieuren jedenfalls erschien der Kanalbau unmöglich. In den dreißiger Jahren des 19. Jahrhunderts bewies dann aber ein englischer Ingenieur, daß die Meereshöhen durchaus angleichbar waren. Unter Leitung des französischen Ingenieurs Ferdinand de Lesseps wurde der Kanalbau 1859 in Angriff genommen, und zehn Jahre später war das Werk vollendet: Ismail war damals gerade wenige Jahre an der Macht, und das Volk jubelte. Doch nicht alle ausländischen Mächte stimmten in diesen Jubel mit ein. England beispielsweise zeigte sich besorgt und sah voraus, daß die Kontrolle des Suez-Kanals und die Durchfahrtsrechte eines Tages weltpolitischen Zündstoff abgeben könnten.

Ismail jedenfalls hofierte damals ganz Europa. Die Fertigstellung des Kanals lieferte ihm den Vorwand, ausländische Staatsoberhäupter zu den Eröffnungsfeierlichkeiten einzuladen – ein aufwendiges Spektakel, das das Land eine gewaltige Summe kostete. Fest entschlossen, Ägypten weiter in Richtung Modernisierung europäischen Zuschnitts zu führen, bot er bedeutenden Europäern wichtige Posten in der Regierung und im Bildungswesen an. Ismail wollte sein Land auf einer Stufe mit den westlichen Großmächten sehen, und Kairo sollte eine den Städten London, Paris und Rom ebenbürtige Metropole werden. Überdies träumte er von einem ausgedehnten afrikanischen Reich, ähnlich den unter britischer bzw. französischer Herrschaft stehenden Territorien, und er hoffte sogar, eines Tages selbst Gebieter des Osmanischen Reiches zu sein. «Mein Land», bemerkte er, «gehört nicht mehr zu Afrika, sondern ist Teil Europas.»

Seltsamerweise hatte sich im Laufe der jahrhundertelangen osmanischen Herrschaft niemals ein türkischer Sultan persönlich nach Ägypten begeben. Mit Blick auf mögliche Vorbehalte lud Ismail den damaligen Sultan ein und hieß ihn 1863 mit verschwenderischer Gastfreundlichkeit willkommen. So durchsichtig dieser Winkelzug auch war – er tat seine Wirkung. Im Mai 1866 bestimmte Sultan Abdel per Dekret Ismail zu seinem Nachfolger.

Bemüht, es mit beiden Seiten zu halten, buhlte Ismail um die Gunst der europäischen Großmächte und des Sultans gleichermaßen. Er war ein Verschwender, und trotz aller Vorzüge der neuen Wasserstraße geriet das Land mit der Eröffnung des Suez-Kanals an den Rand des Staatsbankrotts. Die Summen, die Ismail zur Stützung der Staatsfinanzen im Ausland borgen mußte, führten zu einer ganz und gar unwillkommenen Einmischung der Europäer in ägyptische Angelegenheiten. Ismails unübersichtliche Finanzverhältnisse alarmierten den türkischen Hof und der Sultan reagierte augenblicklich. Er widerrief das Recht Ägyptens auf Unabhängigkeit und ordnete an, daß ohne eine Einwilligung keine Anleihen mehr in Europa aufgenommen werden durften.

Ismail zeigte sich davon jedoch unbeeindruckt und tat alles, seine Beziehungen zu Frankreich zu pflegen. Nach der Niederlage Frankreichs im deutsch-französischen Krieg von 1870/71 zerschlugen sich allerdings seine Hoffnungen auf Unterstützung von

Der britische Löwe hält den Schlüssel zu Indien fest in den Klauen – Disraeli kauft Aktien der Suez-Kanal-Gesellschaft vom Khediven Ismail. (Punch Magazine, 1876)

dieser Seite und er beeilte sich, seinen Streit mit dem Sultan beizulegen. Auch dieser Schachzug gelang; 1873 erhielt Ismail die ihm abgesprochenen Rechte vom Sultan zurück. Auf allerhöchsten Erlaß (Reskript) hin hatte er in Regierungs- und Finanzangelegenheiten nun wieder freie Hand. Frankreich war für ihn nutzlos geworden, und deshalb wandte er auf der Suche nach Unterstützung den Blick jetzt Richtung England.

Intervention der Briten im 19. Jahrhundert

Bislang waren die Briten dem Khediven nicht allzu sehr gewogen. Immerhin hatte eine mit Frankreich, dem alten Rivalen Englands, gemeinsame Sache gemacht und mit französischem Geld und Know-how den Suez-Kanal gebaut. Dennoch ging man schließlich auf seinen Vorschlag ein und bot ihm an, für vier Millionen Pfund Sterling 44 Prozent der Aktien der Suez-Kanal-Gesellschaft zu übernehmen. Die für die Kaufsumme erforderliche Staatsanleihe nahm Premierminister Disraeli beim Haus Rothschild auf. Heftigen Widerstand gegen diesen Handel leistete der liberale Oppositionsführer Gladstone; seiner Ansicht nach war die Verwicklung Englands in ägyptische Angelegenheiten ebenso töricht wie riskant.

Die von den Briten für das Aktienpaket bezahlte Summe war vergleichsweise bescheiden und reichte zur Sanierung der ägyptischen Staatsfinanzen nicht aus. Im April 1876 erklärte das Land formal seinen Bankrott. Trotz des Zuwachses an jährlichen Staatseinnahmen von fünf Millionen Pfund Sterling im Jahre 1864 auf rund 150 Millionen im Jahre 1875 und einer Verdreifachung der Exporte im selben Zeitraum führte Ismails Verschwendungssucht zu einem dramatischen wirtschaftlichen Niedergang. Zur Rettung seines Aktienpakets sah sich England zu weiteren Verhandlungen genötigt. Das Resultat war eine gemeinsame Kontrolle der ägyptischen Staatsfinanzen durch England und Frankreich. Beide Länder schickten jeweils einen Finanzexperten als Generalbevollmächtigten nach Ägypten und erarbeiteten ein Schuldentilgungskonzept, das zwei Drittel der jährlichen Staatseinnahmen des Landes verschlang. Überdies mußte Ismail sein eigenes Finanzgebaren offenlegen und danach einen Teil seiner Befugnisse an Minister abtreten, die mehr Vernunft und Sachverstand besaßen als der Khedive.

Die Briten legten ihre eigenen Maßstäbe an und zwangen Ismail beispielsweise zur Unterzeichnung eines Abkommens zum Verbot des Sklavenhandels. Sein Großvater

Ismailia, nach dem Khediven Ismail benannt, wurde als Verwaltungshauptquartier für den Suez-Kanal-Bau gegründet.

Mehmed Ali hatte Tausende von schwarzafrikanischen Sklaven ins Land gebracht, in der Hoffnung, mit ihnen ein Heer aufstellen zu können. Dieses Vorhaben scheiterte jedoch an der verhängnisvollen Veranlagung der Sklaven, nach ihrer Verpflanzung in eine ihnen ungewohnte Umgebung zu sterben. Ismails eigene Träume von Eroberungszügen durch Afrika verwirklichten sich sogar gewissermaßen insofern, als die Engländer mehrere Feldzüge in schwarzafrikanisches Territorium unternahmen. Ägypten diente ihnen dabei als Ausgangsbasis, und an den siegreichen Expeditionen in die Gebiete der großen afrikanischen Seen, in das Kongo-Becken und nach Äthiopien waren auch die Soldaten des Khediven beteiligt.

Trotz des Finanzdebakels bescherte die rund 16jährige Regierungszeit Ismails dem Land auch vielerlei Fortschritte. Man baute das Bewässerungssystem aus, verbesserte die Agrarmethoden und Ägypten fand Zugang zum Außenhandel. Zur Ankurbelung des Exportes verlegte man sich vor allem auf den Anbau leicht verkäuflicher Bodenprodukte wie Zuckerrohr und Baumwolle. Das Bankwesen wurde auf europäischen Standard angehoben; aus der Bank von Ägypten wurde die Anglo-Ägyptische Bank, und durch die Gründung von Niederlassungen größerer europäischer Bankhäuser in Ägypten fand das Land Anschluß zum internationalen Finanzmarkt. Neben dem Suez-Kanal, der glorreichsten Errungenschaft jener Epoche, legte man noch 112 weitere Kanäle an; darunter den Ibrahimiyya-Kanal als längsten von allen. Überdies ließ Ismail 400 Brücken über den Nil schlagen, unter anderem auch die berühmte Kasr el-Nil in Kairo. Und mit der Ausweitung des Eisenbahn- und Telegrafennetzes sowie der Einrichtung eines funktionierenden, nationalen Postdienstes kam auch der Ausbau der Verkehrswege und des Nachrichtenwesens nicht zu kurz.

Neue kulturelle Einrichtungen wurden vom Khediven gleichfalls gefördert. Unter seiner Regentschaft entstanden die Geographische Gesellschaft, die Nationalbibliothek und das Observatorium. In den siebziger Jahren des 19. Jahrhunderts setzte erneut eine Blütezeit künstlerischen Schaffens ein – vielleicht inspiriert von der europäischen Kultur, die vor allem in den Theatern und in der Kairoer Oper Eingang gefunden hatte. Andererseits fand man aber auch in zunehmendem Maße Gefallen an den eigenen musikalischen und literarischen Traditionen. Bedingt durch die Einflüsse von außen wurde man sich in Ägypten offenbar immer stärker des eigenen kulturellen Erbes bewußt.

Nach wie vor stand das Land jedoch unter ausländischer Kontrolle und seine Regierung war alles andere als gefestigt. Als sich die Streitkräfte gegen Ismail stellten, legte man ihm deshalb eindringlich nahe, zugunsten seines Sohnes Taufik abzudanken. Von Frankreich, England und mittlerweile auch Deutschland und Österreich (für die finanzielle Interessen auf dem Spiel standen) gedrängt, vollzog er 1879 diesen Schritt. Doch an der Instabilität der Lage änderte sich nichts, und es bildeten sich verschiedene Parteien und Gruppierungen, die sich als pro-osmanisch, pro-europäisch oder khediventreu bezeichneten; hinzu kamen die Urabisten, die Anhänger einer von Oberst Urabi Pascha geführten nationalistischen, militärisch geprägten Bewegung. Vor diesem Hintergrund war abzusehen, daß Taufiks Tage als Herrscher wohl gezählt sein würden.

1881 hatte das Militär an Einfluß gewonnen, und Taufik floh 1882 ins Exil. Mit dem Schlachtruf «Ägypten den Ägyptern» stürzte sich das Volk unter Führung der Urabisten in einen Freiheitskampf. Angesichts der finanziellen Unterstützung durch Fabrik- und Grundbesitzer hätten sie diese Auseinandersetzung durchaus für sich entscheiden können, wäre da nicht die britische Flotte vor Alexandria auf der Lauer gelegen – bereit, jeden Aufstand zu ersticken. In der anschließenden Schlacht, bei der der Hafen von Alexandria schwer in Mitleidenschaft gezogen wurde, rückten die britischen Streitkräfte tiefer in das Land vor und machten sich dabei Nil und Suez-Kanal als Aufmarschkorridore zunutze. Sie setzten den Khediven wieder ein und brandmarkten Urabi als Verräter. Im Gegenzug hieß der Beschuldigte den Khediven einen Verräter an Ägypten und Allah. Die Macht lag nun aber in den Händen der Briten, und mit ihrem Vorrücken brach das Heer der Aufständischen zur bitteren Enttäuschung der Nationalisten zusammen. Im September 1882 fiel Kairo, und damit stand Ägypten unter britischer Herrschaft.

Diese Wendung der Ereignisse ließ die Welt aufhorchen. Englands erklärtes Ziel war es, Ägypten nur bis zur Wiederherstellung der Ordnung besetzt zu halten. Über die Aufrichtigkeit dieser Beteuerung läßt sich streiten: fest steht nur, daß das britische Engagement in Ägypten alles andere als kurzlebig war. Erst 1922 erkannte Großbritannien Ägypten als unabhängig an, und die letzten britischen Soldaten verließen das Land erst 1956 nach der Suez-Krise.

Nach dem Einmarsch gab der damalige britische Außenminister Lord Granville folgende Absichtserklärung ab:

«Auch wenn zum gegenwärtigen Zeitpunkt eine britische Streitmacht zur Aufrechterhaltung der öffentlichen Ordnung in Ägypten verbleibt, wünscht die Regierung Ihrer Majestät sie wieder abzuziehen, sobald die Zustände im Lande und entsprechende Garantien für die Wahrung der Autorität des Khediven dies zulassen. In der Zwischenzeit ist es Aufgabe der Regierung Ihrer Majestät, seiner Hoheit beratend zur Seite zu stehen, mit dem Ziel, sicherzustellen, daß die neu zu schaffende Ordnung allen Anforderungen genügt und die Elemente der Stabilität und des Fortschrittes mit einschließt.»

Lord Dufferin, Sonderbotschafter der britischen Regierung für Ägypten und mit der Auslotung der Probleme betraut, erachtete einen raschen Truppenabzug nicht für tunlich. Nach seinen Schilderungen konnte sich ein übereilter Rückzug «auf Wohlstand und vernünftige Verwaltung des Landes fatal auswirken». Dennoch erhielt er Anweisung, «ein Programm zur Wiederherstellung des Landes zu entwerfen, das mit der Politik eines möglichst frühen Rückzuges der britischen Truppen in Einklang steht». Dufferin legte seinen Bericht zur Neuordnung des ägyptischen Regierungssystems im Februar 1883 vor, und man ernannte daraufhin Lord Cromer zum britischen Bevollmächtigten und Generalkonsul in Ägypten. Noch im selben Jahr verkündete Queen Victoria im Parlament der Nation, der Rückzug der britischen Truppen «gehe unter kluger Abwägung der Umstände so rasch wie möglich vonstatten».

Erschüttert wurde ihre Zuversicht dann aber durch neues Unheil, das drohte, sich zu einer Gefahr für die ägyptischen Grenzen auszuwachsen. General Gordon, eine populäre und exzentrische Erscheinung, wurde im Sudan getötet – ein Opfer der Mahdi-Rebellen, die den dort ansässigen letzten Vertretern des Mehmed-Ali-Regimes die Macht entrissen hatten. Gordon, in dieser Region kein Unbekannter, hatte den Auftrag, für die rasche Evakuierung der ägyptischen Garnisonen zu sorgen. In der Hoffnung, das Blatt doch noch wenden zu können, blieb er aber dort und wurde während der Eroberung Khartums durch die Rebellen von einem Speer tödlich verwundet.

Damit war von der zunächst als vorübergehend geplanten Besetzung Ägyptens kein Ende abzusehen. Die Engländer waren unpopulär, konnten sich aber aus der Situation, in die sie sich hineinmanövriert hatten, nicht ohne weiteres zurückziehen. In seiner 24jährigen Amtszeit sah Lord Cromer zwei Khediven kommen und gehen, die aber nur dem Namen nach über ihr Land herrschten. Cromer, ein fleißiger Mann, nutzte die Zeit. Er sanierte die Finanzen des Landes und brachte die Bücher in Ordnung – eine Aufgabe, die Ismail sträflich vernachlässigt hatte. Überdies richtete er nach dem Modell, das er während seines vorherigen Aufenthaltes in Indien entwickelt hatte, eine Zivilverwaltung ein, in der auch ägyptische Mitarbeiter Dienst taten.

Cromer, von den Ägyptern «El Lurd» genannt, schuf ein gesundes Wirtschaftsklima, leitete längst anstehende Reformen in Verwaltung und Bildungswesen ein und führte ein Programm zur Landgewinnung und -bewässerung durch. Gewiß profitierten zahlreiche Bereiche der ägyptischen Gesellschaft von der britischen Herrschaft, allen voran die Fellachen, die zumindest von den schlimmsten Auswüchsen jahrhundertelanger orientalischer Knechtschaft erlöst wurden. Nach wie vor aber enthielt man dem Volk sein Recht auf Selbstbestimmung vor, und die Fortschritte im Bildungswesen kamen nur einer privilegierten Minderheit zugute. Diese Entwicklung schürte einen leidenschaftlichen Nationalismus, der sich mit der Zeit zur ernsten Bedrohung für die fremden Herren auswuchs.

Mustafa Kamel, ein nach französischem Vorbild erzogener Rechtsanwalt und strenggläubiger Muslim, gründete eine neue, nationalistische Partei. Ihr anfänglicher Er-

87

*Kamelmarkt in Oberägypten. Eine der
längsten Handelsstraßen des Landes läuft von
Assiut quer durch die Wüste bis hinunter in
den Sudan. Nach wie vor ist das Kamel das
zuverlässigste Transportmittel für eine lange
Reise auf Wüstenpfaden. Auf seinem Weg
nach Abu Simbel kann der Reisende immer
wieder lange Kamelkarawanen sehen, die
langsam durch die endlose Nubische Wüste
ziehen.*

86

*Gepflegt und sauber – ein moslemischer
Friedhof am Rande der Wüste, wo es an Platz
für die Totenhäuschen nicht mangelt.*

88 und 90
Nubisches Dorf am Nil in der Nähe von
Assuan in Oberägypten. Auf dem
moslemischen Friedhof mit seiner Moschee
finden sich noch imposantere Gräber mit
Kuppel- oder kegelförmigem Überbau, in den
wohlhabende oder bedeutende
Persönlichkeiten bestattet wurden.

89
Lange Schatten über der Nubischen Wüste.
Langsam, aber unbeirrt folgen die
Kameltreiber dem Wüstenpfad am Nasser-
See.

91
Theben-West. Haus eines Mekka-Pilgers. Wie es der Brauch ist, erinnern die bildlichenDarstellungen an den Wänden – ein Schiff, die Heilige Stadt Mekka, ein Löwe – an die denkwürdige Reise; und auch der schriftliche Reisebericht fehlt nicht.

92
Das Gelände vieler heutiger Dörfer –
besonders solcher nahe den großen Zentren
der altägyptischen Hochkulturen – ist seit
Jahrtausenden bevölkert. Solche Dörfer
wurden oft ursprünglich für die Künstler und
Handwerker gebaut, die die großen
Monumente schufen.

93
Theben-West. Die farbenfrohen Häuser von Generationen von Alabasterschneidern, archäologisch «gebildeten» Fremdenführern von eigenen Gnaden und gewöhnlichen Grabräubern. Aus gutem Grunde weigerten sich die Leute aus den Dörfern in Theben-West, nach Neu-Kurna in hübschere, von der Regierung bereitgestellte Heimstätten überzusiedeln. Im Keller so mancher ärmlichen Behausung ruhen nämlich noch pharaonische Schätze.

94
Der bunte, golddurchwirkte Schal läßt ihr Lächeln noch strahlender erscheinen. Trotz der in jüngster Vergangenheit erweiterten Bildungsmöglichkeiten sieht ein Viertel der ägyptischen Kinder niemals eine Schule von innen.

95
Hübsch dekoriert mit Motiven seiner Zunft und seiner Pilgerreise nach Mekka – das Haus eines Alabasterschneiders in Theben-West.

ALABASTER
TITI-ARA

مصنع
عرابى
للألبا ستر

150

96

Mit seinem herausgeputzten Kamel hält der Fremdenführer in Giseh Ausschau nach umherirrenden Touristen. Auf dem weitläufigen Areal mit seinen neun Pyramiden und zahlreichen Mastabas kann man sich leicht verlaufen. So gewaltig und gut sichtbar die Bauwerke auch sind – das Gelände ist uneben und holperig und auf dem Rücken eines Kamels weniger beschwerlich zu erkunden.

97

Beduinenlager auf der Sinai-Halbinsel. Die Lebensweise der Beduinen hat sich seit jener Zeit, als sie im Gefolge der arabischen Eroberer im 7. Jahrhundert nach Ägypten gekommen waren, kaum verändert.

98
Im Eselsstall vor der glühenden Hitze geschützt, besprechen Fellachen in ihren traditionellen Galabiyas den Tagesablauf.

99
Entlang den Wasserläufen sieht man nach wie vor überwiegend Dattelpalmen und das Futtergras Luzerne, dazu Zuckerrohr und Baumwolle. Inmitten der Anpflanzungen ein alter türkischer Friedhof.

100
Seit der Zeit der Pharaonen hat sich an dem gleichförmigen Muster der von Kanälen durchzogenen und von Dattelpalmen gesäumten Feldern nichts geändert. Da die natürliche Nilschwemme heute nicht mehr zur Bewässerung des Fruchtlandes ausreicht, müssen leistungsstarke Elektropumpen das Nilwasser fünf bis sechs Meter hochpumpen.

101
Geduldig ziehen Kamel und Ochse -- ein etwas ungleiches Paar -- den vorsintflutlichen Pflug. Der dunkle Boden Boden ist humusreich und vom Schutt und den Überresten jahrtausendelanger Besiedlung durchsetzt.

155

102
Sauberes Leitungswasser gibt es heute überall in Ägypten. Allen Warnungen zum Trotz schöpfen aber viele Menschen nach wie vor noch bedenkenlos Wasser aus dem Nil und den Kanälen, um ihren Durst zu löschen oder eine Kanne Tee zu brühen.

103
*Seerosen im stehenden
Wasser eines Kanals. Mit
dem hereinbrechenden
Abend streben Bauern
und Schäfer auf
schnurgeraden,
ausgetretenen Pfaden
ihrer Behausung zu.*

104
Wichtigster Fisch auf dem ägyptischen Markt ist der Nilbarsch – die Haupteinnahmequelle der Nilfischer.

105
Der fruchtbare Nilschlamm, der sich seit Menschengedenken durch die alljährliche Nilschwemme ablagerte, ist viel zu knapp und kostbar geworden, um für die Herstellung von Ziegeln vergeudet zu werden. Heutzutage fertigt man luftgetrocknete Backsteine, vor allem aus Grund.

106
Noch viele Generationen lang wird sich wohl die althergebrachte Lebensweise der Fellachen erhalten. Der Wasserbüffle kam mit den Arabern nach Ägypten.

107
Ob gottverlassene Gegend oder fruchtbares Faijum: der traditionelle Holzpflug ist auch heute noch täglich im Gebrauch. Ausgemergelte Zugrinder ziehen ihn ergeben – von kundiger Hand geführt – selbst durch schweren Lehmboden.

108

Nach und nach löst das Haus aus Fertigbetonplatten die Lehmziegelhütte im Mittelmeerraum wie auch in der Dritten Welt ab. Charakteristisch für diese Entwicklung ist dieses ägyptische Dorf am Ufer des Nils.

109

Nilfischer auf Fang in den trüben Fluten bei Kairo. Trotz massiver Wasserverschmutzung stehen die Aussichten für eine einträgliche Beute nicht schlecht. Der Nilbarsch kann fast zwei Meter lang und bis zu 80 kg schwer werden.

110

Von Straßen und Kanälen gitterartig durchzogene, mit vielerlei Sorten bepflanzte Felder, dazwischen eingestreute Dörfer - so fügt sich das für das Nil-Tal charakteristische schachbrettartige Bild zusammen. Seit Jahrtausenden müht man sich hier ab, das Land zu kultivieren.

folg war aber nur kurzlebig, und mit Kamels vorzeitigem Tode im Jahre 1908 kam auch die neue Bewegung zum Erliegen. Zu dieser Zeit war aber bereits im ganzen Lande eine nationalistische Gesinnung zu spüren, die sich an einem grausigen Zwischenfall in dem Delta-Dörfchen Denshawai im Jahre 1906 entzündet hatte. Eine Gruppe britischer Offiziere hatte sich dort zu einem Wettbewerb im Taubenschießen zusammengefunden. In dem Glauben, es handle sich hier um einen gezielten Versuch, sie eines wichtigen Nahrungsmittels zu berauben, attackierten die verbitterten Fellachen die Offiziere. Einer von ihnen starb, und ein Fellache, der dem Verletzten zu Hilfe geeilt war, wurde von den eintreffenden englischen Soldaten zu Tode geprügelt, weil sie ihn für den Mörder ihres Kameraden hielten. Man trieb die «schuldigen» Ägypter zusammen, machte ihnen den Prozeß und verurteilte sie zu barbarischen Strafen, darunter Auspeitschen und Hängen. Und die Dorfbewohner wurden gezwungen, der Urteilsvollstreckung zuzusehen.

Was immer an Sympathien die Einheimischen Lord Cromer auch entgegengebracht haben mochten – nach diesen Geschehnissen war nichts mehr davon zu spüren. Im Jahr darauf ging Lord Cromer in den Ruhestand und verließ Ägypten unter bewaffnetem Schutz. An seiner Stelle kam Eldon Gorst, ein in ägyptischen Angelegenheiten erfahrener Mann. Er sah in dieser Position einen Freibrief und das Privileg einer Machtausübung, die selbst in Indien ihresgleichen suchte. Allein schon daran läßt sich ermessen, wie wenig die Einheimischen damals tatsächlich bei ihren eigenen Angelegenheiten mitzureden hatten.

Die beiden Weltkriege

Anders als Cromer fehlte es Gorst an staatsmännischem Gespür, und entgegen seinen hochgesteckten Erwartungen versagte er als Gouverneur kläglich. Trotz alledem aber hatten die Briten Ägypten noch so fest im Griff, daß die Nationalisten nichts ausrichten konnten. Gorsts Nachfolger Lord Kitchener unterdrückte die nationalistischen Kräfte, zeigte sich aber den Fellachen und deren Problemen gegenüber wohlwollend und aufgeschlossen. Bei Ausbruch des Ersten Weltkrieges im Jahre 1914 schob man innenpolitische Streitpunkte beiseite, doch die Frage, ob Ägypten als Teil des britischen Empire anzusehen sei oder nicht, blieb unbeantwortet. Man entschloß sich zu einer provisorischen Lösung und machte das Land zum britischen Protektorat. Offiziell blieb Ägypten neutral, stellte aber Truppen zur Verteidigung des Suez-Kanals und zum Einsatz in Palästina und Frankreich bereit. Wie den übrigen an diesem Krieg beteiligten Ländern blieben auch Ägypten hohe Verluste an Menschenleben nicht erspart.

Nach Kriegsende änderte sich der völkerrechtliche Status Ägyptens erneut. 1922 als unabhängig anerkannt, durch Sonderverträge aber weiterhin an England gebunden, wurde das Land durch die Verfassung von 1923 in eine konstitutionelle Monarchie umgewandelt. Den Titel «Sultan», den damals Fuad, Sohn des Khediven Ismail trug, änderte man in «König». Als Oberhaupt einer konstitutionellen Monarchie besaß Fuad aber nur beschränkte Machtbefugnisse, und als nach wie vor wichtigen Brückenkopf des britischen Empire behielten die Engländer Ägypten fest im Griff. Die weitere Einmischung Londons in ägyptische Angelegenheiten empfand man als höchst unwillkommen, und jahrelang schlingerten die anglo-ägyptischen Beziehungen von Krise zu Krise.

Wiederum war es ein Weltkrieg, der – ähnlich wie 1914 – zu einem Umschwenken der Standpunkte führte. Über Jahre hinweg hatten Engländer und Ägypter in einer für beide Seiten unerfreulichen Sackgasse gesteckt, doch nun ließ die politische Lage eine Verbesserung der gegenseitigen Beziehungen dringend geraten erscheinen. Unter dem Druck der von Saghlul Pascha, dem Gründer der Wafd-Partei, angeführten Nationalisten erklärte sich England zum Einlenken bereit. Das Amt des Hochkommissars wurde auf den Rang eines Botschafters reduziert, Ägypten übernahm die Kontrolle über seine eigenen Streitkräfte und man kam überein, zum Schutz der Verbindungswege die britische Militärpräsenz in der Kanalzone aufrechtzuerhalten. Diplomatisch hatte das Land nun freie Hand und wurde Mitglied im Völkerbund. In weiteren Verträgen vereinbarte man die Berufung von mindestens zwei Ägyptern in den Aufsichtsrat der Suez-Kanal-Gesellschaft, einen Mindestanteil von 35 Prozent Ägyptern an der Gesamtbelegschaft der Gesellschaft sowie die Zahlung einer jährlichen Konzessionsgebühr von 300 000 ägyptischen Pfund an den Staat Ägypten.

Zwischen den beiden Weltkriegen zeigte sich auch im Land am Nil die häßliche Fratze des Faschismus in Gestalt von zwei Parteien. Die Mitglieder von Ahmad Husseins Partei «Junges Ägypten» wurden unter der Bezeichnung Grünhemden bekannt und orientierten sich an Mussolinis Schwarzhemden; ihre Rivalen, die Blauhemden, waren Anhänger der Wafd-Partei. Diese beiden Gruppierungen lieferten sich auf dem Gelände verschiedener Universitäten regelrechte Schlachten, und mit der Eskalation der Gewalttätigkeiten erschien dann noch eine dritte faschistische Bewegung, die der königstreuen Jugend auf der Bildfläche. Ägyptens Politik glich nun einem einzigen erschreckenden Chaos aus Intrigen und Terrorismus. Mittlerweile stand das Land unter der Herrschaft König Faruks, der seinem Vater Fuad nach dessen Tod im Jahre 1936 auf den Thron gefolgt war und selbst mit den Faschisten sympathisierte.

Während des Zweiten Weltkrieges verlegte England wieder Truppen nach Ägypten, das nun zum Stützpunkt für militärische Operationen der Briten im Mittleren Osten wurde. Die Umtriebe nazi-freundlicher und faschistischer Kreise nahmen derart bedrohliche Ausmaße an, daß man vom König verlangte, diese Aktivitäten mit Nachdruck zu unterbinden. Zu einem Zeitpunkt, als es mit der Wirtschaftslage zunehmend bergab ging und sich die alliierten Truppen in der Libyschen Wüste in einer äußerst prekären Situation befanden, löste diese Aufforderung erneut eine Regierungskrise aus. Ägypten war bereits das Ziel von Luftangriffen; die Deutschen waren weiter auf dem Vormarsch und besetzten 1940 Griechenland und Kreta.

Im darauffolgenden Winter führten Nahrungsmittelknappheit und Mangel an Kleidung zu einem schwunghaften Schwarzhandel und im weiteren Verlauf zu Krawallen. Trotz Rationierung gab es im Januar 1942 nicht einmal genügend Brot. Die Nazi-Sympathisanten waren noch nicht gänzlich mundtot, und als 1942 Rommels Truppen im Anrücken waren, konnte man in Kairo lautstarke Propaganda-Schlachtrufe vernehmen. England zwang Faruk nun zur Einwilligung in eine Wafdisten-Regierung – die praktisch einzige Chance zur Wahrung der inneren Sicherheit und Ordnung im Lande.

Mit dem Vorrücken der Achsen-Mächte Richtung Alexandria brach Panik aus. Englandfreundliche Bürger begannen, das Land zu verlassen, und die anti-britischen Nationalisten verstärkten ihre Kampagnen. Zwischen zwei Stühlen sitzend, sicherte Premier-

Eröffnung des Suez-Kanals am 17. November 1869

minister Nahhas Pascha den Alliierten offiziell seine Unterstützung zu, stellte sich aber gleichzeitig unter der Hand auf einen Sieg der Nationalsozialisten ein. Wie üblich, war man sich uneins und zog nicht an einem Strang; durch Verschwörung und Intrigen versuchte die Oppositionspartei, die Wafdisten in Mißkredit zu bringen, und Faruk ging es einzig um die Erhaltung seiner Macht. Zum Glück für Ägypten war die Gefahr einer deutschen Invasion nach der Schlacht von El Alamein im Jahre 1942 gebannt. Dennoch blieb das Land ein Bollwerk alliierter Verbände, die die Achsen-Mächte aus dem Mittleren Osten zurückdrängten.

Im Februar 1945 erklärte Ägypten Deutschland schließlich den Krieg, zu einem Zeitpunkt also, an dem die Feindseligkeiten so gut wie vorüber und die Briten zur Aufrechterhaltung der Stabilität nicht mehr auf die Wafdisten angewiesen waren. Mittlerweile war eine Koalitionsregierung an die Macht gekommen, und noch während das Kabinett die Kriegserklärung vorbereitete, fiel der Premierminister einem Mordanschlag zum Opfer. Die öffentliche Verlautbarung erfolgte dann unter dessen Nachfolger Mahmud Fahmi al-Naqrashi.

Krieg und britische Präsenz hatten zumindest bewirkt, dem politischen Leben Ägyptens gewisse Strukturen aufzuzwingen; doch mit dem Wegfall dieser beiden Faktoren herrschten innerhalb kürzester Zeit erneut chaotische Verhältnisse. Die alten politischen Gruppierungen zerfielen, und in dem entstehenden Vakuum tummelten sich allerlei Extremisten radikaler, religiöser oder faschistischer Couleur. Nach und nach rückte die Palästina-Frage in den Vordergrund. Kurz zuvor in die Vereinten Nationen aufgenommen, stimmte Ägypten als Mitglied der Arabischen Liga gegen die Resolution zur Teilung Palästinas. Ägyptische Truppen, die im Mai 1948 im Kampf gegen die Durchführung dieses Beschlusses zur Unterstützung anderer arabischer Streitkräfte in das Krisengebiet abkommandiert wurden, begingen dort Gewaltakte, jagten Kaufhäuser in die Luft und gingen gegen britische und jüdische Einrichtungen vor.

Bis 1950 wurde das Kriegsrecht über Ägypten verhängt. Im Jahr zuvor war der Palästina-Krieg verlorengegangen und Ägypten hatte einen Waffenstillstandsvertrag zugunsten des neuen Staates Israel unterzeichnet. Mit der Aufhebung des Kriegsrechtes verfiel das Land wiederum in politische Labilität, und mehrere kurzlebige Regierungen lösten einander ab. Zu den politischen Kräften des Landes zählten nun auch die Kommunisten, die islamischen Fundamentalisten sowie die Gegner der Monarchie, und gegen Agitatoren ging man zunehmend radikaler vor. Nach ihrer Wiederwahl im Jahre 1950 bemühten sich die Wafdisten um die Verbesserung der Lebensbedingungen der Bauern und Arbeiter. Zu ihren gesetzgeberischen und sozialen Maßnahmen gehörten unter anderem die Einführung von Krankenversicherung und Arbeitsverträgen, Zuschüsse zu den Lebenshaltungskosten sowie die Umverteilung von Ackerland an die Bauern.

Vorboten der Revolution

Nach wie vor standen politische Gewitterwolken über dem Suez-Kanal und ballten sich im Laufe der Zeit zu einer ausgewachsenen Krise zusammen. Entgegen den Vereinbarungen im Vertrag von 1936 hatte Englands Labour-Regierung die Kontrolle über die Kanalzone nicht aus der Hand gegeben, und zur Verteidigung seiner Präsenz verstärkte das britische Militär den Schutz seiner Garnison vor unmittelbaren Angriffen und Sabotageakten. Ende 1951 waren sporadische anti-britische Demonstrationen zu einem regelrechten Guerilla-Krieg eskaliert. Durch die Straßen Kairos zogen Scharen von aufgebrachten Arbeitern und Studenten und machten ihrem Groll gegen Regierung, König und Briten in Massendemonstrationen Luft. In der Morgendämmerung des 25. Januar umstellten britische Soldaten das Polizeihauptquartier in Ismailia und forderten die im Gebäude Anwesenden, die man für Hauptverdächtige dieser Agitationen hielt, auf, sich zu ergeben. Nach deren Weigerung und der Erstürmung des Gebäudes durch die Engländer waren 50 Tote und noch mehr Verletzte auf Seiten der Ägypter zu beklagen.

Der Tag ging als «Schwarzer Samstag» in die ägyptische Geschichte ein. Kairo stand buchstäblich in Flammen, nachdem eine wütende Volksmenge sich daran gemacht hatte, sämtliches britische und ausländische Eigentum, dessen sie habhaft werden konnte, zu verwüsten und zu zerstören. Sollte die damalige Regierung, wie dies mitunter angedeutet wurde, diesen Aufruhr tatsächlich geschürt haben, dürfte sie dies angesichts solcher Auswüchse und der katastrophalen Folgen wohl bereut haben. Um der Lage wieder Herr zu werden, zog sie es jedenfalls vor, das Kriegsrecht zu verhängen, anstatt das Erscheinen der britischen Ordnungsmacht zu riskieren.

In seiner Hoffnung auf Wiederherstellung der Ordnung setzte der König ganz auf die Armee. Nach dem Palästina-Debakel hatte er zahlreichen ehemaligen Nazi-Offizieren Unterschlupf gewährt, deren Dienste er nun in Anspruch nahm und die den höheren Rängen seiner Streitkräfte zugute kommen sollten. Mit der Truppe hatte er wenig oder gar keinen Kontakt, und auch die Anhebung des Soldes machte keinen Eindruck auf die Soldaten. Wie es sich traf, waren die Streitkräfte nämlich bereits dabei, ihre eigene politische Untergrundorganisation aufzubauen. Den «harten Kern» dieses «Komitees der freien Offiziere» bildeten einige junge Männer, die sich bereits auf der Militärakademie und während ihres aktiven Dienstes eng zusammengeschlossen hatten. Zu den Gründungsmitgliedern zählten unter anderem zwei Oberstleutnants, deren Namen man später in aller Welt kannte – Gamal Abd el-Nasser und Anwar al-Sadat.

Nasser war erster Vorsitzender der im Jahre 1949 gegründeten Partei und behielt diesen Posten bis 1952. Die ersten kleinen Gruppierungen fanden rasch Zulauf; erbittert über die Inkompetenz der Regierenden hegten sie den Ehrgeiz, die Dinge zum Besseren zu wenden. Faruk hatte bereits einen Großteil seiner Popularität eingebüßt. Aus der gut aussehenden jugendlichen Erscheinung war mittlerweile ein genußsüchtiger Monarch in mittleren Jahren geworden, der in vornehmen Badeorten am Mittelmeer ein ausschweifendes, verschwenderisches Leben führte, während die überwiegende Mehrheit seiner Untertanen in erbärmlicher Armut dahinvegetierte. Die von den Freien Offizieren drohende Gefahr witternd, bemühte sich Faruk – allerdings vergeblich – der Gruppe Zügel anzulegen. Um Mitternacht des 22. Juli 1952 fand ein Staatsstreich statt, und am Tag darauf verkündete Oberstleutnant Sadat über den Rundfunk den Sieg der Revolution. Zur Abdankung gezwungen, floh König Faruk mit Gemahlin und Sohn ins Exil.

Die neue Republik / Ära Nasser

Nach Abschaffung der Monarchie im Jahre 1953 wurde Ägypten zur Republik ausgerufen. Die Freien Offiziere bildeten nun den sogenannten Revolutionsrat mit General Nagib an der Spitze und Gamal Abd el-Nasser als Premierminister. Doch die Geburt einer neuen Nation verlief nicht komplikationslos. «Aus der ältesten Monarchie der Welt wurde in diesem Augenblick die jüngste Republik der Welt», bemerkte Präsident Nagib.

Wer aber waren nun die Menschen, die diese neue Nation Ägypten ausmachten? Von dem einstigen Menschenschlag, der Altägypten zur Zeit der Pharaonen bevölkerte, war so gut wie nichts mehr zu erkennen. Ägypten war zum Schmelztiegel zahlreicher Nationalitäten geworden – Türken, Arabern und Kurden, Kaukasiern, Europäern und Schwarzafrikanern. An die Stelle der uralten koptischen Sprache waren Griechisch, Türkisch und Arabisch getreten, und die alten Götter mußten zunächst dem Christentum und später dem Islam weichen.

Doch die Religion des Propheten Mohammed hatte tiefe Wurzeln geschlagen, und damit zeichnete sich eines deutlich ab: Die Entwicklung der neuen Republik fußte auf dem Fundament der islamischen Lehre und ihre dauerhafte Bindung an die arabische Welt. Daneben war aber abzusehen, daß in das Land eingeströmte Elemente europäischer Kultur auch weiterhin Lebensweise und Ansichten der Ägypter bis zu einem gewissen Grad beeinflussen würden. Mit der Entwicklung einer eigenständigen Identität nahm allerdings das Bedürfnis, sich an europäischen Werten zu orientieren, zusehends ab. Nasser bemerkte: «Fabriken zu bauen ist leicht; Hospitäler und Schulen einzurichten ist machbar; aber Menschen zu einer Nation zusammenzuschweißen, ist ein hartes und mühseliges Unterfangen.»

Wie mühselig dieser Aufbau war, zeigte sich in den ersten Jahren der Republik. Die Muslimbruderschaft, eine Gruppe religiöser Fundamentalisten, deren Mitglieder in allen Gesellschaftsschichten anzutreffen waren, leistete Widerstand, und interne Streitigkeiten trübten die Kameradschaft, die den Revolutionsrat zusammengehalten und ihm zum Sieg verholfen hatte. Opfer dieser Querelen wurde schließlich General Nagib, erster Präsident der Republik und eine populäre Erscheinung. Sein Stellvertreter Nasser ging als Sieger aus den Auseinandersetzungen hervor und übernahm 1954 selbst die Präsidentschaft.

Nach einem Attentatsversuch auf Nasser im Oktober 1954 stellte man mehr als 1000 angebliche Verschwörer der Muslimbruderschaft vor Militärgerichte, und im Zuge einer Verhaftungswelle füllten 1955 rund 3000 politische Gefangene die Gefängnisse, die aus den Nähten zu platzen drohten. Selbst Nagib geriet unter Verdacht; Nasser beschuldigte ihn allzu freundschaftlicher Beziehungen zur Bruderschaft und stellte ihn unter Hausarrest. Und auch gegen jüdische Ärzte und Rechtsanwälte ging man gewaltsam vor; zum Teil wurden sie hingerichtet, zum Teil in Arbeitslager verbannt.

Ab 1956 begannen sich die Wogen zu glätten. Das Land erhielt eine neue Verfassung, das allgemeine Wahlrecht für Männer wurde eingeführt und in der neu entstehenden Nationalversammlung saßen Mitglieder aus sämtlichen Landesteilen. Auf dem internationalen Parkett der Weltpolitik profilierte sich Präsident Nasser als Mitbegründer einer Politik der Blockfreiheit. Er war die geborene Führernatur, genoß ebenso viel Popularität wie Vertrauen und niemand liebte Ägypten mehr als er. Aus seiner fundierten Bildung erwuchs ihm die Gewißheit, daß die wahren Kräfte seines Landes bisher noch im Verborgenen lagen und nun nach jahrhundertelanger Fremdherrschaft und Knechtschaft endlich zum Tragen kommen konnten. Für die beste Methode, dies zuwege zu bringen, hielt er den «arabischen Sozialismus», und dies bedeutete nichts anderes, als Einmischung und Eingreifen des Staates in alle Bereiche.

An Bewährungsproben, in denen Nasser seine Fähigkeiten als Staatsmann, der mit internationalen Angelegenheiten umzugehen wußte, unter Beweis stellen konnte, fehlte es keineswegs. Immerhin fielen die Suez-Krise und der «Sechstage-Krieg» mit Israel in seine Amtszeit. Seit seiner Eröffnung vor nahezu 100 Jahren war der Suez-Kanal ein Zankapfel und nach wie vor unter ausländischer Kontrolle. Erzürnt über die Rückziehung der Finanzierungszusagen Englands, der Vereinigten Staaten und der Weltbank

Brautprozession
(Edward Lane, 1860)

173

für den Bau des Assuan-Dammes, beschlagnahmte Nasser 1956 das Vermögen der Suez-Kanal-Gesellschaft und verstaatlichte sie.

Die Aussicht, die letzten Überbleibsel britischer Herrschaft endgültig abzuschütteln, versetzte das Land in Hochstimmung. England und Frankreich beschlossen jedoch, nach vorheriger Absprache mit Israel und trotz Warnungen von seiten der Vereinigten Staaten und der damaligen Sowjet-Union, den Kanal unter Einsatz von Gewalt wieder unter ihre Herrschaft zu bringen – ein schwerer Fehler, der weltweit verurteilt und später auch bedauert wurde. Die Ägypter büßten dabei nahezu ihre gesamte Luftwaffe ein. Erst eine in einer Dringlichkeitssitzung der Vereinten Nationen gefaßte Resolution brachte die Alliierten dazu, ihren Vormarsch durch die Kanalzone zu stoppen und den Kanal der Kontrolle Ägyptens zu überlassen.

Eine Katastrophe für Nasser wurde der «Sechstage-Krieg» mit Israel. 1967 taten sich Ägypten, Syrien und Jordanien zum gemeinsamen Angriff auf Israel zusammen in der Absicht, die noch immer ungelöste Palästina-Frage zu bereinigen.

Das Vertrauen des Volkes in seinen Präsidenten war bis in die Grundfesten erschüttert, und politisch überleben konnte Nasser nur, nachdem er mehrere Armeegeneräle zu Sündenböcken gestempelt hatte. Nach weiteren drei Jahren als Präsident starb er, erst 52 Jahre alt, im Jahre 1970. Sein durch Diabetes ohnehin angegriffener Gesundheitszustand war den Belastungen des Israel-Konfliktes wohl nicht mehr gewachsen.

Die Ära Sadat

Nassers Nachfolger im Amt des Präsidenten wurde sein alter Freund und Weggefährte Anwar al-Sadat. Von Anfang an bestrebt, sich Handlungsspielraum zu verschaffen, entließ er einflußreiche Minister und warf die Sowjets aus dem Land. Als sie Ägypten verließen, blieben in ihrem Kielwasser unvollendete Projekte und halbfertige Bauwerke zurück. Sadat suchte die Freundschaft der reicheren, konservativeren arabischen Staaten und bemühte sich vor allem um einen verstärkten Zustrom von ausländischem Kapital in sein Land. Innenpolitisch machte er sich daran, das unter Nasser entstandene, von Repression geprägte Klima abzubauen und bezeichnete seine Politik als «Erneuerungsbewegung».

Auch Sadat mußte sich mit dem nach wie vor ungelösten Palästina-Problem auseinandersetzen. Ein mit Israel bereits zuvor geschlossenes Abkommen erwies sich als brüchig, und 1973 erhielten die ägyptischen Streitkräfte Befehl zum Angriff auf das Nachbarland. Dieser kurze Krieg begann am 6. Oktober, dem jüdischen Jom-Kippur-Fest, und ging als «Jom-Kippur»- oder «Oktober»-Krieg in die Annalen der Geschichte ein. Die militärischen Erfolge der ersten Tage wirkten auf den verwundeten Stolz des ägyptischen Volkes wie Balsam. Immerhin aber zeitigte der Jom-Kippur-Krieg, der auf beiden Seiten viele Menschenleben forderte, neue Verhandlungen zwischen Israel und Ägypten. Sie begannen unter Vermittlung des amerikanischen Sonderbeauftragten Dr. Henry Kissinger und endeten mit der Unterzeichnung des Friedensvertrages von Camp Davis, die 1979 unter der Schirmherrschaft Jimmy Carters, des Präsidenten der Vereinigten Staaten, stattfand. Zuvor, im Jahre 1977, hatte Sadat seine historische Reise nach Jerusalem unternommen. In seiner Rede vor der Knesset sprach er von der Gleichheit aller Menschen vor Gott und rührte damit – von den Israelis vielleicht abgesehen – an die Seele von Millionen Menschen in aller Welt.

Ein solcher Vorstoß in Richtung Frieden weckte bei den fanatischen antisemitischen Elementen in Ägypten keineswegs Begeisterung, und Sadat sah sich heftigem Widerstand dieser und anderer extremistischer politischer Bewegungen gegenüber. In gewisser Weise wurde er zum Opfer seiner eigenen Popularität. Mit zunehmender Selbstgefälligkeit schwand seine Toleranz und er ging schonungslos gegen islamische Fundamentalisten und Kommunisten gleichermaßen vor. Israels Unnachgiebigkeit nötigte Sadat zahlreiche Zugeständnisse ab, die zu einer zunehmenden Isolierung seiner Person innerhalb des arabischen Lagers führten. Während einer Militärparade in Kairo wurde Anwar al-Sadat im Jahre 1981 von islamischen Extremisten ermordet.

Und die Zukunft?

Hosni Mubarak, Stellvertreter und einst enger Vertrauter Sadats, wurde im Oktober desselben Jahres zum neuen Präsidenten gewählt. Vielleicht hatten die Ägypter vorerst einmal von charismatischen Führerfiguren vom Typ Nassers und Sadats genug – Mubarak jedenfalls hatte das Image eines aufrichtigen, biederen und bodenständigen Mannes. Er ließ alle politischen Gefangenen frei und machte sich daran, Frieden im eigenen Lande zu schaffen sowie, unter Aufrechterhaltung eines freundschaftlichen Verhältnisses zum Westen, erneut gute Beziehungen zur damaligen Sowjet-Union und zu den anderen arabischen Staaten herzustellen. 1987 wurde Mubarak für weitere sechs Jahre zum Präsidenten gewählt – ein Amt, das nach wie vor eine schwere Bürde darstellt. Trotz der ersten Schritte Mubaraks zur Integration islamischer Fundamentalisten in die Regierung, fiel der ägyptische Parlamentspräsident Rifaat el-Mahgub im Oktober 1990 einem Mordanschlag zum Opfer. Und die jüngsten Erfolge religiöser Fanatiker in der islamischen Welt sind wohl auch für Ägypten problematisch, werden von der starken und integren Persönlichkeit des Rais Mubarak in seinem Land jedoch bewältigt werden. Mehr Sorgen muß sich das Nilland wegen des enormen, jede Wirtschaftsplanung fast verunmöglichenden Bevölkerungszuwachses machen, den die Regierung bisher vergeblich einzuschränken versucht.

Frauen und Kinder der Unterschicht
(Edward Lane, 1860)

175

Tradition
Religion
Kultur

Westliche Einflüsse haben, wie in den meisten Ländern der Erde, auch in Ägypten an Boden gewonnen, andererseits aber sind jahrhundertelang überlieferte Brauchtümer und Traditionen in zahlreichen Bereichen des ägyptischen Alltagslebens bis heute erhalten geblieben. Augenzeugenberichte aus einer Zeit, in der diese Traditionen noch lebendiger waren als jetzt, liefern ein detailliertes Bild von diesem Leben. Die anschaulichsten Berichte stammen von Ausländern, die vor der Jahrhundertwende das Land bereisten und dort lebten. Nicht selten sind es nämlich gerade Fremde, die den für ein Land ebenso charakteristischen wie alltäglichen Dingen besonderes Augenmerk schenken und eifrig Notizen machen. Selbst in dem von Hektik überlagerten Lebensrhythmus der modernen ägyptischen Großstädte ist noch heute etwas vom geruhsamen Tempo jener Zeiten zu spüren, in denen das Leben von Tradition und Brauchtum geprägt war.

Eine Hauptquelle mit Berichten über das traditionelle Leben in Ägypten ist Edward Lanes hervorragendes, 1836 in London erschienenes Werk *The Manners and Customs of the Modern Egyptians* («Sitten und Gebräuche der modernen Ägypter»). Ägyptenreisende von damals interessierten sich vor allem für die Altertümer; Lane hingegen faszinierte das Leben in diesem Lande, und gewissenhaft notierte er jedes Detail. *(Egypt – A Traveller's Anthology* [«Ägypten – Eine Reise-Anthologie»], eine weitere exzellente, von Christopher Pick herausgegebene Publikation [John Murray, 1991], enthält eine Sammlung fesselnder, zum Teil aus vorrepublikanischen Tagen stammender Berichte über das Leben in Ägypten.)

Edward Lane lieferte einen einzigartigen Beitrag zur Ägyptenforschung. Er kam erstmals 1825 nach Ägypten und blieb drei Jahre dort; 1833 kehrte er an den Nil zurück und lebte dann nochmals zwei Jahre im Lande. Was am Ende herauskam, war einer der vollständigsten Berichte über das ägyptische Volk und seine Lebensart, der je zusammengetragen wurde. Von den französischen und englischen Einflüssen, die sich seit Napoleons Invasion im Jahre 1798 im Lande bemerkbar machten, blieb das Leben außerhalb der großen Städte so gut wie unberührt, und Lane lernte Ägypten in dem Zustand kennen, in dem es sich am Ende der langen osmanischen Herrschaft befand. Er war als Orientforscher Autodidakt, sprach fließend Arabisch und seine ausgeprägten künstlerischen Fähigkeiten kamen ihm bei der bildlichen Darstellung von Szenen und Schauplätzen außerordentlich zugute. Von den Eltern für eine Klerikerlaufbahn ausersehen, kehrte Lane jedoch der vornehmen englischen Gesellschaft den Rücken und wählte ein ganz anderes Leben. In Ägypten schlüpfte er in die Landestracht, und dank seines etwas mediterranen Äußeren gelang es ihm, mit den Einheimischen viel enger in Kontakt zu kommen als dies Fremden normalerweise möglich war. «Lanes Leben in Ägypten war im Grunde genommen nur die Vorbereitung auf die große Aufgabe, die er sich gestellt hatte – nämlich der Welt ein Bild von den Ägyptern zu vermitteln, wie man es zuvor nicht gekannt hatte …» bemerkte Alexander Gardner in seinem Vorwort zur 1895 erschienenen Neuauflage von Lanes Buch. Dieses Werk befaßt sich mit der Geographie und Bevölkerung Ägyptens, mit Kultur, Bildungswesen und Religion, Rechtsprechung und Handel sowie mit dem häuslichen Leben, mit Festen und Unterhaltung.

Volk und Sprache

Zu Lanes Zeiten war Ägypten bereits ein durch und durch arabisches Land. Lane verwies auf den einzigartigen Beitrag Ägyptens zur arabischen Kultur, und seiner Ansicht nach stand Kairo der Ruf als führende arabische Stadt jener Epoche zu.

«Das Brauchtum der Einheimischen ist insofern besonders interessant, als es eine Verschmelzung von Sitten und Traditionen darstellt, die in den Städten Arabiens, Syriens und ganz Nordafrikas und zum Großteil auch in der Türkei üblich sind. Nirgendwo sonst kann man den überaus kultivierten Araber besser kennenlernen als hier.»

Zwar rechnet man die Ägypter den Arabern zu, tatsächlich aber sind sie eine Mischrasse und unterscheiden sich in ihren körperlichen Merkmalen ganz beträchtlich von den eigentlichen Arabern. Auch innerhalb des Landes fielen Lane in den einzelnen Regionen Unterschiede im Aussehen der Menschen auf.

113
Abu Simbel. Der Tempel Ramses' II. Seit seiner Rettung durch ein internationales Expertenteam der UNESCO im Jahre 1968 ist das Bauwerk zu einer der ganz großen Touristenattraktionen Ägyptens geworden.

114
Luftbild vom neuen Standort der Tempel von Abu Simbel. Die künstlichen Hügel und Hänge aus Stahlbeton und Aufschüttungen sehen dem Felsen, in den die beiden Kultbauten ursprünglich gehauen waren, täuschend ähnlich. Heute ist Abu Simbel eine blühende Gemeinde und lebt von den Einkünften aus dem «Kultur-Tourismus». Per Flugzeug, Auto oder Bus, 400 km quer durch die Wüste, strömen die Besucher zu Tausenden hierher.

115
Der Große Ramses-Tempel von Abu Simbel in Nubien, einer zur Zeit des Neuen Reiches wirtschaftlich sehr bedeutenden Region. Nach dem Ende der Pharaonenzeit geriet dieser Ort in Vergessenheit, bis ihn der herausragende Historiker Johann Ludwig Burckhardt im Jahre 1813 wiederentdeckte. Die Umsetzung de Kultbauten von Abu Simbel, durch die sie vor der Überflutung bewahrt wurden, erfolgte im Jahre 1968 mit einem Kostenaufwand von 40 Millionen Dollar unter Leitung einer Gruppe deutscher, italienischer, französischer und schwedischer Ingenieure.

116
Abu Simbel. Der Tempel Ramses' II. Vorbei an hoch aufragenden, gigantischen Sitzbildern des Pharao führt der Weg in den dunklen Innenraum des Felsentempels. Amelia B. Edwards, Engländerin und bekannte Ägyptenreisende des späten 19. Jahrhunderts, schrieb: «Ramses der Große – falls er seinen Abbildern so glich, wie diese Portraits einander gleichen, muß er einer der schönsten und stattlichsten Männer nicht nur seiner Zeit, sondern der ganzen Geschichte gewesen sein ...»

117
Abu Simbel. Tempel von
Ramses II. In ihrem
berühmten 1877
erschienenen Buch «A
Thousand Miles up the
Nile» («Tausend Meilen
den Nil hinauf») schrieb
Amelia Edwards über
diesen Tempel: «Die Art
und Weise, in der die
Künstler von Abu Simbel
den Tausenden von
Tonnen Gestein
menschliche Formen und
Züge verliehen, dürfte in
der Bildhauerei Ägyptens
ihresgleichen suchen. Als
vollendete Meister in der
Kunst, Wirkung zu
erzielen, wußten sie ganz
genau, was zu tun und
was zu lassen war.»

118
Luxor. Dieses Relief, immer noch intakt, an
der rechten Seite des Sockels der Kolossalstatue
von Ramses II. stellt die Vereinigung von
Ober- und Unterägypten dar. Figuren, die die
beiden Reichshälften verkörpern, binden den
Papyrus von Oberägypten mit der
Lotusblume Unterägyptens zusammen.

119
Relief im Großen Tempel von Abu Simbel; es
symbolisiert die Reichseinheit von Ober- und
Unterägypten.

120
Theben-West, Medinet Habu. Ramses III. opfert eine Gottheit, deren Gesicht von religiösen Eiferern entstellt wurde. Den Totentempel des großen Heerführers und Königs zieren zahllose Reliefs, die seine Triumphe verherrlichen. Das eigentliche Grab des Pharaos befindet sich im Tal der Könige.

121
Ägyptische Hieroglyphen sind heute verhältnismäßig leicht zu lesen. Erstmals entziffert wurden sie von dem Franzosen Jean François Champollion (1790–1832). Er stellte zudem die erste wissenschaftlich fundierte Übersicht über die ägyptischen Altertümer zusammen. Nach Champollons frühem Tod veröffentlichte dessen Bruder Jacques die Ergebnisse seiner Arbeit.

122
Abu Simbel. Die aus der Felswand herausgeschlagene Fassade des kleinen Hathor-Tempels der Nofretari. Auch er wurde, wie der Große Ramses-Tempel, umgesetzt, ehe halb Nubien für immer in den Fluten des Nasser-Sees versank.

123
Abu Simbel. Tempel der Königin Nofretari. Eine der Ramses-Statuen links vom Eingang zeigt den Pharao mit der Krone Oberägyptens.

124
Abu Simbel. Tempel der Königin Nofretari. Dieses Standbild Ramses' II. mit der Doppelkrone Ober- und Unterägyptens steht in der Nische rechts neben dem Tempeleingang.

125

*Abu Simbel. Tempel der Königin Nofretari.
Ihr Gemahl Pharao Ramses II. scheint aus
einer Nische hervorzutreten. Die sechs in
Nischen eingelassenen, über 11,5 m hohen
Standbilder, die die Fassade schmücken, sind
in zwei Dreiergruppen links und rechts vom
Eingang angeordnet; auf jeder Seite wird
Nofretari von zwei Ramses-Figuren flankiert*

126

*In dem tief im Felsen liegenden
Allerheiligsten des Großen Tempels von Abu
Simbel sitzen, ihr Gesicht der aufgehenden
Sonne zugewandt, vier Gottheiten (von links
nach rechts): Ptah, Amun-Re, der
vergöttlichte Ramses II. und Re-Harachte.
Zweimal im Jahr, im Februar und Oktober,
treffen die ersten Strahlen der aufgehenden
Sonne das Gesicht Ramses' II.*

127

*Abu Simbel. Der Kleine Tempel der Königin
Nofretari, etwa 30 Meter breit und gut
12 Meter hoch, ist 120 Meter vom Großen
Tempel ihres Gemahls Ramses II. entfernt. Zu
Füßen des königlichen Paares stehen die sehr
viel kleineren Standbilder der pharaonischen
Sprößlinge.*

«In Kairo und in den nördlichen Provinzen besitzen Menschen, die der Sonne ausgesetzt sind, eine gelbliche, sehr helle Hautfarbe und eine weiche Haut; die anderen sind wesentlich dunkler und ihre Haut ist derber. In Mittelägypten herrscht eine gelblich-braune Hautfarbe vor, und in den südlichen Provinzen sind die Menschen bronze- bis braunhäutig; am dunkelsten sind sie in Nubien, wo das Klima am heißesten ist.»

Unterschiede zwischen hell- und dunkelhäutig sind auch heute in Ägypten nicht zu übersehen, und so heikel Diskussionen über Hautfarbe und Klassenzugehörigkeit auch sein mögen – eines steht fest: Wirklich dunkelhäutige Menschen sind in wohlhabenden Kreisen oder in Spitzenpositionen Kairoer Hotels oder Clubs nur höchst selten anzutreffen. Im Vergleich zu anderen nordafrikanischen Volksgruppen sind die Ägypter wesentlich dunkelhäutiger – eine Folge der seit altersher bestehenden Beziehungen zu Schwarzafrika. Entwickelt hatten sich diese nicht zuletzt aufgrund geographischer Gegebenheiten. Schon seit Urzeiten glich der Nil nämlich einer breiten Straße, auf der Menschen aus den unterschiedlichsten ethnischen Regionen einander begegneten.

Zu Lanes Zeiten sprachen die Ägypter Arabisch, und daran hat sich bis heute nichts geändert. Seiner Ansicht nach kam ihre Sprache in Reinheit der Grammatik und Aussprache zwar nicht an das Arabisch der Bedawees aus Arabien heran, war aber weit besser als das in Syrien oder gar von westlichen Arabern gesprochene Arabisch. Zumeist sind die regionalen Eigentümlichkeiten dieser Sprache nur für den Sprachforscher interessant, aber die unterschiedliche Aussprache des «g» ist selbst für den Laien zu erkennen. Dieser fünfte Buchstabe des arabischen Alphabets wird in Ägypten hart, in den meisten anderen arabisch-sprechenden Ländern hingegen weich ausgesprochen. Älter ist die in Ägypten übliche Aussprache.

Der Islam

Gewissermaßen als Unterbau der Gesellschaft Ägyptens sorgte die Religion selbst in Zeiten politischer Umwälzungen für Stabilität und Kontinuität der ägyptischen Kultur. Seit den ersten Bekehrungskampagnen der arabischen Eroberer ist der überwiegende Teil der Bevölkerung islamischen Glaubens, nach wie vor aber stellen auch die Kopten mit 10 bis 15 Prozent (die offiziellen Zahlen schwanken) eine ansehnliche Minderheit dar. Als Mohammedaner gehören die Ägypter der rechtgläubigen Mehrheit der Sunniten an. Alles, was sich über den Islam in Ägypten sagen ließe, dürfte auch für alle anderen arabischen oder islamischen Länder weitgehend zutreffen. Im Detail auf diese Religion einzugehen, würde jedoch den Rahmen des Buches sprengen, und deshalb beschränkt sich dieses Kapitel auf die Darstellung der wichtigsten Merkmale des Islam. Tragende Pfeiler des islamischen Glaubens sind zwei Dogmen: Es gibt keinen anderen Gott außer Allah und Mohammed ist sein Prophet.

Zwar erkennt der Islam die jüdische und christliche Religion an, betrachtet aber Mohammed als den endgültig letzten und größten in einer langen Reihe von Propheten, die auch Moses und Jesus einschließt.

Zu den wichtigsten religiösen Obliegenheiten des Moslems zählt das fünf Mal innerhalb von 24 Stunden zu verrichtende Gebet. Wo er betet, spielt keine Rolle; er kann dies zu Hause tun oder in der Moschee, dem islamischen Gebetshaus, oder an jedem beliebigen anderen Ort, an dem er sich zur festgesetzten Stunde gerade aufhält. Der heute oftmals durch Lautsprecher verstärkte Ruf des Muezzin zum Gebet, der vom Minarett der Moschee erschallt, ist jedem Besucher eines islamischen Landes vertraut. Nach den rituellen Waschungen wendet sich der Gläubige gen Mekka und verrichtet in der vorgeschriebenen Form und Körperhaltung seine Gebete.

Am stärksten bevölkert ist die Moschee während des Mittagsgebetes am Freitag, dem geheiligten Tag der islamischen Woche. Wie das christliche Gotteshaus, so präsentiert sich auch die Moschee in vielerlei Formen; das Spektrum reicht vom erhabenen Monumentalbau bis hin zum bescheidenen Bethaus. Charakteristisch für die meist aus Stein erbaute ägyptische Moschee sind die durch schlichte, bandartig eingefügte rote und weiße Steinschichten aufgelockerten Fassaden. Innerhalb der Mauern befindet sich gewöhnlich ein Innenhof mit Brunnen sowie der Gebetssaal. Ausgestattet ist dieser Saal

128

Abu Simbel. Das dritte der vier, etwa 20 Meter hohen Sitzbilder Ramses' II. an der Fassade seines Tempels. Unbeeindruckt von den «Tätowierungen», mit denen Generationen von Besuchern seinen Körper verunzierten, blickt der Pharao mit unergründlichem Gesichtsausdruck der aufgehenden Sonne entgegen.

193

mit einer Kanzel *(Minbar)* und einer auf Säulen ruhenden Plattform *(Dikka)*, von der aus den Gläubigen aus dem Koran vorgelesen wird. Der Islam kennt keinen Priester im eigentlichen Sinn, wohl aber den in Glaubensfragen bewanderten Prediger oder *Imam*. Da dieser für sein geistliches Amt nur bescheiden bezahlt wird, geht er normalerweise noch einer anderen Beschäftigung nach. Nachdem sie vor dem Betreten der Moschee ihre Schuhe ausgezogen haben, knien sich die Gläubigen auf den mit Matten oder Teppichen bedeckten Boden. Die Haupthalle der Moschee ist den Männern vorbehalten. Den Frauen, vom Islam zu steter Sittsamkeit und Zurückhaltung ermahnt, stehen abgetrennte Seitenschiffe des Gebetssaales zur Verfügung, oder sie beten in der Abgeschiedenheit ihrer häuslichen Umgebung.

Der Islam hat einen strengen Gesetzeskodex, an den sich seine Anhänger zu halten haben. In früheren Zeiten war auch in Ägypten die Pflichtenlehre der *Scharia* bindend, dem religiösen Recht des Islam, das für alle Lebensbereiche, Ehe wie Wirtschaft und innere sowie äußere Sicherheit der Gemeinschaft galt. 1955 wurde die *Scharia* von der republikanischen Regierung zwar abgeschafft, doch dies ändert nichts an der Tatsache, daß die gesamte Sozialethik weitgehend von islamischem Recht beeinflußt wird, das Pflichten und Verbote festlegt. Es untersagt beispielsweise – wie bereits erwähnt – den Genuß von Schweinefleisch und Alkohol sowie Glücksspiel und Wucherei.

Strenggenommen ist auch die Abbildung von Menschen und lebenden Kreaturen nicht gestattet. Diese Einschränkung künstlerischer Freiheit führte in der Ornamentik der islamischen Kunst zur Entwicklung herrlicher Arabesken und kalligraphischer Dekors. Mit einbezogen in das Verbot ist gegebenenfalls auch das Photographieren; in manchen ländlichen Gegenden sehen es die einheimischen Männer äußerst ungern, wenn Touristen Aufnahmen von ihren Frauen machen. Einen hohen Stellenwert besitzt die Pilgerfahrt nach Mekka. Wer durch das Land reist, kann immer wieder Häuser entdecken, deren weißgekalkte Wände mit naiven, farbenfrohen Bildfolgen von der Pilgerreise des Hausherrn dekoriert sind. Die lebendigen Darstellungen erzählen, wie er nach Mekka gelangte – per Esel, Bus oder Flugzeug – und welche Sehenswürdigkeiten er dort zu Gesicht bekam.

Ritual vor der Hochzeit – die Prozession zum Badehaus (Edward Lane, 1860)

194

Ausgesprochen schlicht ist das typisch islamische Bestattungsritual. Nach einer Lesung aus dem Koran wird der in Leintücher gehüllte Leichnam im Familiengrab beigesetzt. Die Ägypter halten es anders. Im historischen Land des Totenkultes hegt man noch heute eine gewisse Vorliebe für aufwendige Begräbnisfeierlichkeiten. Für die Bewirtung der scharenweise erscheinenden Trauergäste werden dann manchmal eigens geräumige, mit bunten Applikationen dekorierte Zelte aufgestellt, die man sogar mit Teppichen und vergoldeten Stühlen ausstattet. In der Nekropole Kairos, der *Stadt der Toten*, bestattete man die Verstorbenen in Totenhäuschen. Heute ist diese Nekropole von Lebenden bevölkert; sie dient etwa einer Million Obdachloser als Zufluchtsstätte.

Islamische Feste

Zu den zahlreichen islamischen Festen, die man natürlich auch in Ägypten begeht, zählen unter anderem Mohammeds Himmelfahrt und die Geburtstage von Heiligen und Verwandten des Propheten. Das islamische Jahr richtet sich nach einem Mondkalender aus, und dementsprechend verschiebt sich auch der Zeitpunkt der einzelnen Feste von einem Jahr zum anderen. Am Sonnenjahr gemessen wiederholt sich der Zyklus der zwölf Mondmonate etwa alle 19 Jahre; Nicht-Mohammedanern dürfte zumindest der Fastenmonat Ramadan ein Begriff sein. Die Namen der übrigen elf Mondmonate lauten: *Moharram, Safar, Rabeea el-Owwal, Rabeea el-Tanee, Gumad el-Owwal, Gumal el-Tanee, Regeb, Shaaban, Showwal, Zu-l-Kaadeh* (oder *El-Kaadeh)* und *Zu-l-Heggeh* (oder *El-Heggeh).*

Der *Ramadan* beginnt mit dem Erscheinen der schlanken Mondsichel des Neumondes. In der Nacht, in der sie sich zeigen soll und die als *Leylet er-Rooyeh* («Nacht der Beobachtung») bezeichnet wird, pflegte man früher einige Männer hinaus in die Wüste zu schicken, wo sie, den Blick dem klaren Himmel zugewandt, nach der Mondsichel Ausschau hielten. Während des gesamten *Ramadan* muß der Moslem von Sonnenaufgang

Damen im Sattel (Edward Lane, 1860)

195

bis Sonnenuntergang fasten; er darf bei Tageslicht weder essen noch trinken – eine harte Bewährungsprobe, insbesondere im Sommer mit seinen langen Tagen. Nur Kranke, werdende Mütter und Kinder, die zum Fasten noch zu jung sind, erhalten Dispens. Eingeschlossen in das Fastengebot ist auch das Rauchen, die Verwendung von Wohlgerüchen sowie der Genuß anderer irdischer Freuden und sogar das bewußte Hinunterschlucken des eigenen Speichels. Gefeiert wird das Ende des *Ramadan* beim Erscheinen der neuen Mondsichel mit einem großen Festgelage, bei dem eine Art knusprig-süßer Butterkuchen nicht fehlen darf. Ausstaffiert mit neuen Kleidern, zwängt man sich dann in überfüllte Busse und Bahnen und stattet Freunden und Verwandten einen Besuch ab.

Moharram, der erste Monat des Jahres, ist für die sunnitischen Moslems Ägyptens besonders heilig. Sie gedenken in dieser Zeit des Triumphes ihrer Lehre, der *Sunna,* über den rivalisierenden Schiismus. Während des *Moharram* werden keine Eheverträge geschlossen. Man veranstaltet Zeremonien zum Schutz gegen den bösen Blick und verteilt ab dem 10. Tag Almosen. Theoretisch wäre zu diesem Zeitpunkt auch die Entrichtung der islamischen Steuer fällig – eine Verpflichtung, der nachzukommen man aber nur allzugern «vergißt».

Im dritten Jahr des islamischen Jahres feiern die Moslems den Geburtstag des Propheten Mohammed. Früher fand aus diesem Anlaß ein großes Dankesfest an den Ufern des Sees Birket el-Ezbekiyah statt, der aber bereits zu Lanes Zeiten vollständig ausgetrocknet war. Man errichtete Zelte, veranstaltete Gemeinschaftsspiele, organisierte Rezitationen, und die Vorführungen von Possenreißern und Gauklern sorgten für die Unterhaltung der Leute. J. P. Seddon landete einmal inmitten einer Feier, die die Saadeeyeh-Derwische, eine Gruppe der geheimnisumwitterten islamischen Bettelmönche, zu Ehren des Geburtstages Mohammeds gaben. Bei diesem Fest folgten nach den Gauklern und Schlangenbeschwörern weit weniger harmlose Darbietungen, in deren Verlauf sich die Derwische im Zustand religiöser Ekstase Spieße ins eigene Fleisch bohrten, auf spitze Eisenstifte legten und in lebendige Schlangen bissen.

Mit *Rabeea el-Tanee,* einem weiteren, noch sehr lebendigen Fest in Kairo, feiert man den Geburtstag des Heiligen El-Hoseyn. Er findet an einem Dienstag im vierten Monat des islamischen Jahres statt, und rund um die Moschee, die dem heiligen Mann geweiht ist, herrscht buntes Treiben. Bis spät in die Nacht bleiben die Läden geöffnet, und Umzüge, Musik und andere Unterhaltungen enden erst im Morgengrauen.

Die Anthropologin Margaret Murray hatte Gelegenheit, an dem wichtigen, seit Jahrtausenden überlieferten Fest des Nil-Hochwassers teilzunehmen, das mittlerweile unter der Bezeichnung *Nau-ruz-Allah* («Das neue Jahr Allahs») in den Zyklus islamischer Feste übergegangen ist. Bis zum Bau des Assuan-Staudammes zählte die Ankunft der alljährlichen Nilflut – vom Stern Sirius im Sternbild des Großen Hundes angekündigt – zu den bedeutendsten Daten im ägyptischen Kalender. Man ließ Knallfrösche hochgehen, feuerte Böllerschüsse ab, und der herrschende Monarch pflegte einen Bewässerungskanal anzustechen, durch den sich die neuen Fluten den Weg bahnten. Verknüpft war dieses Fest noch mit einem anderen Brauch. Seit den Tagen der Pharaonen glaubte man, die Seelen der Verstorbenen würden um diese Zeit zurückkehren, um vom Wasser des Nils zu trinken. Am Abend versammelten sich Scharen von Menschen an den Flußufern zum stillen Gebet für die Seelen ihrer dahingeschiedenen Lieben, die in dieser Stunde zu den Lebenden zurückkehrten.

Die koptischen Christen

Als uralte Form des Christentums stellt das Koptentum eines der letzten Bindeglieder zum prä-islamischen Ägypten dar. Viele altägyptische Mythen verschmolzen mit den Lehren der christlichen Kirche; Isis und ihr Sohn Horus, beispielsweise, wurden zur Jungfrau Maria mit dem Kinde Jesu, und der Sieg des Gottes Horus über den Bösewicht Seth fand seine Entsprechung in der Geschichte vom heiligen Georg und der Tötung des Drachen. *Anch,* das Lebenskreuz, wurde so zum Kruzifix. All diese Einflüsse spiegeln sich in der koptischen Kunst wider, und einige der koptischen Basiliken, z.B. in Hermopolis Magna und Abu Mena, sind auf den Anlagen altägyptischer Tempel errichtet.

Alle Orte, an denen die Heilige Familie auf ihrer Flucht nach Ägypten verweilt haben soll, werden von den Kopten als heilige Stätten verehrt. Den südlichsten Punkt dieser Odyssee kennzeichnet das unmittelbar nördlich von Assiut am Nil gelegene Kloster Der el-Moharrak. Die dortige Kapelle steht angeblich genau an der Stelle, an der Maria ein Feuer entfacht hatte. Und im Schatten eines uralten Baumes vor den Toren Kairos soll sie Schutz vor der sengenden Sonne gefunden haben.

Oberhaupt der koptischen Kirche ist der Patriarch von Alexandria; ihm untersteht der Klerus, dessen Mitglieder zumeist heiraten dürfen. Mit einigen Mönchs- und Nonnenklöstern, beispielsweise St. Antonius am Golf von Suez, lebt das traditionelle Mönchtum – wenn auch in sehr bescheidenem Umfang – bis heute fort. Moslems und Kopten kommen gut miteinander aus. Diese ägyptischen Christen legen großen Wert auf eine fundierte Bildung und sind häufig in führenden Positionen des Ingenieur- und Bildungswesens sowie in Wirtschaft und Industrie zu finden.

Im koptischen Kirchenjahr gibt es neben den Feiertagen auch mehrere Fastenperioden. *Es-Som el-Kebeer,* die wichtigste dieser Fastenzeiten, dauert 55 Tage, und die einzig erlaubten Nahrungsmittel sind Brot und Hülsenfrüchte. Der koptische Kalender stimmt weder mit dem islamischen noch mit dem römischen überein und beginnt mit seiner Zeitrechnung vermutlich im Jahre 284 n.Chr., zur Zeit des Kaisers Diokletian. Erster Tag des Jahres ist etwa der 10. September, und das Jahr teilt sich in die zwölf Mondmonate *Toot, Babeh, Hatoor, Kiyahk, Toobeh, Amsheer, Barmahat, Barmoodeh, Beshens, Ba-ooneh, Ebeeb* und *Misra.* Die dabei entstehende kleine Lücke wird mit fünf bis sechs Schalttagen, den *Eiyam en-Nesee,* aufgefüllt.

Traditionelle Kleidung

Noch heute gehört die von Lane beschriebene Landestracht zum alltäglichen Bild; allerdings bevorzugen mittlerweile zunehmend mehr Ägypter die Mode westlichen Stils. Selbst bei den auf den ersten Blick schlicht wirkenden Gewändern von einst lieferten bestimmte Unterschiede im Detail Aufschluß über Wohlhabenheit, gesellschaftlichen Stand und Religionszugehörigkeit der Person. Diese Unterschiede entsprachen gewissermaßen den grammatikalischen Feinheiten einer Sprache. Die Art und Weise, in der eine Frau ihren Umhang um die Schultern legte, ihr Kleid trug oder ihr Fußgelenk entblößte, sprach eine beredte Sprache, die nur der Eingeweihte verstand. Heutzutage dürfte es für den Fremden genügen, einige grundlegende Besonderheiten der ägyptischen Kleidung zu kennen und sich darüber hinaus damit zu begnügen, daß solche Unterschiede im Detail eventuell eine Bedeutung besitzen, die ihm als Außenstehenden erstmals unverständlich bleiben muß. Bestimmte altüberlieferte Merkmale der Kleidung haben sich mittlerweile verwischt, dafür sind andere hinzugekommen.

Nach dem Verbot des Propheten Mohammed, Hosen zu tragen, entwickelte sich die *Galabiya,* ein knöchellanges Hemd, zum traditionellen Kleidungsstück des Mannes. Aus gestreiftem oder einfarbigem Baumwollstoff gefertigt, ist sie nach wie vor ein beliebtes Gewand und verleiht der ländlichen Szene Ägyptens in westlichen Augen die Atmosphäre eines biblischen Schauplatzes. Früher wurde die *Galabiya* noch durch den *Sudeyree* ergänzt, einen gestreiften, ärmellosen, tunikaähnlichen Überwurf, der lose über der *Galabiya* getragen wurde. Darüber kam mitunter noch ein langärmeliger *Kaftan,* und um seine Hüften pflegte der Mann einen farbigen Schal zu schlingen. Er wirkte nicht nur dekorativ, sondern erfüllte auch den praktischen Zweck eines Gürtels, in den man ein Messer oder eine Pistole steckte. Wesentlich schlichter war in der Regel das Gewand des Fellachen. Es bestand aus einer weiten, bis knapp unter das Knie reichenden Hose; darüber trug er das *Zaaboot,* ein fülliges, langes Hemd mit weiten Ärmeln aus blauem Leinen, Baumwolle oder Wolle.

Besondere Bedeutung maß der ägyptische Mann seit eh und je seiner Kopfbedeckung zu. Mittlerweile hat sie zwar an Wichtigkeit verloren, aber die verschiedenen Versionen sind auch heute noch zu sehen. Unter dem *Fes* oder *Tarbusch,* dem klassischen, konisch geformten roten Filzhut, wurde eine kleine Baumwollkappe getragen. Als «Unterbau» für den Turban umwickelte man den *Tarbusch* auch mit einem Stoffstreifen, dessen Farbe den Status des Trägers kennzeichnete; Grün beispielsweise wies den Mann als Nachfahren des Propheten aus. Islamische Geistliche trugen den *Mukla*, einen besonders ausladenden Turban.

Als Landestracht am weitesten verbreitet ist heute nach wie vor die *Galabiya;* Qualität und Schnitt variieren etwas, je nach Wohlhabenheit des Trägers. Am häufigsten zu sehen ist die *Galabiya* mit weitem Hals- und v-förmigem Ausschnitt, der entweder offen bleibt oder zugeknöpft wird. Die Ärmel sind weit geschnitten; nach unten nimmt das Gewand an Weite zu und schließt knapp oberhalb der Knöchel mit einem Saum ab. Die Saumbreite an Ärmeln und Unterkante ist unterschiedlich. Auf dem Lande sind die Säume üblicherweise breiter als bei den Gewändern der Stadtmenschen. Auch an der Form des V-Ausschnittes ist zu erkennen, ob der Betreffende traditionsgebunden oder eher modern eingestellt ist. Wer sich für besonders aufgeschlossen hält, orientiert sich beim Halsausschnitt an der europäischen Hemdenmode. Mittlerweile haben sich zwei «Modetrends» entwickelt – die *Galabiya frangi* und die *Galabiya sandarini*, zwei Formen, die aus dem Ausland zurückkehrende Arbeiter und Studenten kreierten.

In allen Einzelheiten beschrieb Lane auch die Kleidung und modischen Gepflogenheiten der Frauen. Sie liebten es – wie es auch in anderen arabischen Ländern, beispielsweise in Marokko, der Brauch war – ihre Lidränder mit Kohleschminke zu betonen und Hände und Füße mit Henna rot einzufärben. Ägyptisches Hennapulver aus den Blättern eines an den Nil-Ufern wachsenden Baumes war im Ausland außerordentlich begehrt. Von den Gesetzen des Islam dazu verurteilt, sich in der Öffentlichkeit fast gänzlich zu verhüllen, haben mohammedanische Frauen natürlich ganz instinktiv das Bedürfnis, die einzigen sichtbaren Körperteile – also Augen, Hände und Füße – zur Geltung zu bringen.

Landestracht der Frauen ist heute ein meist selbstgenähtes Leinen- oder Baumwollkleid. Für *Kustor*, ein schwereres, warmes Material für den Winter, zahlt die Regierung Zuschüsse. Am häufigsten an Frauen zu sehen ist die *Galabiya bi wist* und die *Galabiya bi suffra.* Die *Galabiya bi wist* ist ein langes, tailliertes Kleid, das vorwiegend in der Gegend zwischen Beni Suef und Assiut am Nil getragen wird. Gleichfalls knöchellang ist die *Galabiya bi suffra;* sie hat ein miederähnliches Oberteil mit Passe und kommt vor allem im Delta und um Kairo herum vor.

Viele der von Lane beschriebenen Frauengewänder sind heute verschwunden, aber regionale Eigenheiten gibt es nach wie vor. Hin und wieder sieht man beispielsweise in Kairo und auch andernorts das *Tezyeereh*, ein sehr weites, schwarzes Seidenkleid *(Habarah)*, das bis auf einen kleinen Teil des Gesichtes den gesamten Körper umhüllt; dazu gehört ein knöchellanger weißer Musselinschleier *(Burko)*, der nur die Augen freiläßt. Nach Gründung der Republik legten die Ägypterinnen weitgehend den Schleier ab; mittlerweile aber gewinnt der islamische Fundamentalismus wieder zunehmend Beachtung, und verschleierte Frauen gehören inzwischen zum vertrauten Bild, selbst in den Hörsälen der Universitäten.

Ungeachtet ihrer Kleidung tragen Frauen von klein auf irgendeine Kopfbedeckung. Die schlichteste Version ist ein diagonal gefaltetes Vierecktuch *(Sharb)* aus einfarbig schwarzem oder leuchtend buntem Stoff. Dieses Kopftuch, das das Haar vollständig bedeckt, wird im Nacken übereinandergeschlungen und mit den Enden über der Stirn verknotet. Im Norden tragen die Frauen darüber üblicherweise noch die *Tarha*, einen 2 bis 4 m langen Stoffstreifen, der um den Kopf geschlungen wird und dessen Enden lose über den Rücken herabhängen. Bei feierlichen Anlässen schmückt sich die Ägypterin mit dem *Shaal;* er besteht aus schwererem Material, wird ebenfalls um den Kopf geschlungen und fällt zum Teil über die Schultern herab.

Ehe und Familie

«Unter allen Frauen, die darauf Anspruch erheben, als Mitglieder einer zivilisierten Gesellschaft zu gelten, stehen die Ägypterinnen in dem Ruf, am wollüstigsten zu sein …», schreibt ein schockierter Edward Lane und fährt entrüstet fort, daß «die meisten ägyptischen Ehemänner alles nur Erdenkliche tun, um diese Sinnlichkeit ihrer Frauen zu steigern.» Zuzuschreiben ist diese exzessive Leidenschaftlichkeit der Menschen am Nil seiner Ansicht nach zwei Faktoren – dem heißen Klima und der Polygamie.

Mittlerweile haben sich die Zeiten geändert. Vermutlich wirkte die «hemmungslose Sinnlichkeit» der Ägypterinnen nur auf einen englischen Gentleman des 19. Jahrhunderts schockierend, der derlei Anwandlungen einer wirklichen Lady für unwürdig hielt. Und auch die Bräuche haben sich gewandelt. Vorausgesetzt, er kann sie ernähren und behandelt alle gleich, darf ein Muslim zwar heute noch bis zu vier Frauen haben, in der Praxis aber ist im modernen Ägypten die Vielehe nicht mehr üblich. Gepflogenheit war sie – wahrscheinlich aus wirtschaftlichen Gründen – vor allem in den unteren sozialen Schichten. In der Mühsal um das tägliche Brot bedeuteten für den Bauern vier Ehefrauen immerhin acht zusätzliche Hände bei der Feldarbeit. Von einem wohlhabenden Mann hingegen erwartete man, daß er seine Gemahlin versorgte, und jede weitere Ehefrau schmälerte sein Vermögen.

In streng mohammedanischen Gemeinschaften werden unerlaubte sexuelle Beziehungen scharf mißbilligt, und eine Frau, die Ehebruch begeht, trifft die volle Wucht des Gesetzes. «Ehebruch wird aufs unnachsichtigste geahndet», schreibt Lane, «doch um eine Frau dieses Vergehens anzuklagen, bedarf es der Aussage von vier Augenzeugen.» Dies bot vielleicht einen gewissen Spielraum für den einen oder anderen verstohlenen Seitensprung, doch wehe der Frau, die einer arglistigen oder falschen Anklage zum Opfer fiel. Zu Lanes Zeiten wurde eine Ehebrecherin zu Tode gesteinigt.

Anstand und Sittsamkeit in der Öffentlichkeit zählen zu den Hauptforderungen des Islam an die Mohammedanerin, und traditionsgemäß zeigt sie sich nur in Gegenwart ihres Mannes oder naher Verwandter unverschleiert. Doch nach allem, was Gustave Flaubert und Edward Lane berichten, bot sich in Kairo ein ganz anderes Bild. Hier be-

Gesellschaft beim Speisen (Edward Lane, 1860)

129

Kairo. Die prächtige Mohammed-Ali-Moschee auf dem Gelände der Zitadelle. Sie wurde im Stile der klassischen türkischen Hofmoschee erbaut und ist außen und innen mit feinem weißem Kalkstein und Alabaster verkleidet. Diese Alabasterverkleidung, die dem Gebetshaus den Namen «Alabastermoschee» eintrug, ließ Pascha Abbas I. allerdings teilweise abtragen und durch Holzvertäfelungen ersetzen. Er verwendete den Alabaster zur Verschönerung seines eigenen Palastes.

130

Von diesem ungewöhnlichen Blickwinkel aus scheinen die modernen Bauten Kairos unmittelbar aus dem Wüstenboden emporzuwachsen und den Kamelreitern auf ihrem Weg zur Metropole eine Fata Morgana vorzugaukeln.

131

Blick auf Kairo; im Vordergrund die Zitadelle und die Mohammed-Ali-Moschee. 1176 begann Saladin mit der Errichtung der gewaltigen Festung, die nach 30jähriger Bauzeit fertiggestellt war. Nach der fast völligen Zerstörung der Zitadelle im Jahre 1823 durch eine Pulverexplosion entstanden auf dem Gelände mehrere neue Bauwerke, darunter die große Moschee Mohammed Alis.

132

Kairo. Blick vom Sheraton-Hotel auf der Nil-Insel El-Gezira auf die beiden Innenstadtbezirke Kasr el-Nil und Bulak; im Vordergrund die Brücke des 6. Oktober. Niemand weiß genau, wieviele Menschen in Kairo und seinen Randbezirken leben; sie wurden niemals gezählt und die Schätzungen liegen bei 17 Millionen.

133

Blick von Osten auf die hoch aufragenden Minarette von Kairo. Trotz der in den frühen Abendstunden besonders starken Luftverschmutzung ist der Anblick atemberaubend.

mühte man sich oftmals nicht einmal, wenigstens den äußeren Schein zu wahren. Lane bemerkt: «Ich glaube, den Frauen in Ägypten sind im großen und ganzen weniger Beschränkungen auferlegt als in jedem anderen Land des Osmanischen Reiches. Frauen der unteren Schichten, die in aller Öffentlichkeit mit Männern kokettieren und scherzen, und Männer, die sich keineswegs scheuen, Frauen zu berühren, sind hier kein ungewöhnlicher Anblick.»

Bis zur Revolution im Jahre 1952 lebten die weiblichen Mitglieder eines wohlhabenden Haushaltes im Harem. Sie bewohnten eigene Räumlichkeiten, zu denen außer dem Ehemann, den Kindern und bestimmten Verwandten niemand Zutritt hatte. Dazu kamen noch Dienerinnen und Sklavinnen, mitunter auch die Konkubinen des Hausherrn und vereinzelt sogar ein Eunuch, der über die Damen wachte. Erstaunt nahmen Ägyptenreisende des 19. Jahrhunderts die für Frauen reservierten Räumlichkeiten in Eisenbahnzügen, Theatern und Opernhäusern zur Kenntnis. In den Eisenbahnwaggons gab es abgeschlossene Coupés; im Opern- und Theatersaal waren die Logen mit Gazeschleiern verhängt, durch die die Damen das Geschehen mitverfolgen konnten, gleichzeitig aber vor fremden Blicken geschützt waren. Unsere übliche Vorstellung vom Harem als einer mit exotischem Luxus angefüllten Stätte, wo man sich auf brokatbezogenen Diwans in seidenen Kissen räkelt, gehört in das Reich der Märchen. Mabel Caillard, die lange in Ägypten lebte und häufig in Harems zu Gast war, erinnert sich in nüchternen Worten der «bedrückenden, gezwungenen Atmosphäre» und der harten, hohen, mit düsteren Stoffen bezogenen Chaiselongues, auf denen die Haremsbewohnerinnen stocksteif herumsaßen.

Ehe und Familie stehen in Ägypten aber nach wie vor so hoch im Kurs wie damals, als Lane schrieb: «Sich der Ehe zu enthalten, wenn ein Mann das richtige Alter erreicht hat und kein gerechtfertigtes Ehehindernis vorliegt, gilt in den Augen der Ägypter als ungehörig und gar als unehrenhaft.» Mädchen verheiratete man damals sehr jung, d. h. im Alter von etwa 12 bis 13 Jahren. Diese Ehen wurden ausgehandelt, und wesentlicher Bestandteil des Kontraktes war die Mitgift. Heutzutage liegt das Heiratsalter weit höher und die jungen Leute wählen – zumindest in den höheren Berufsständen – ihre Partner selbst. Nach wie vor aber besteht die Eheschließung aus zwei Abschnitten – aus der Unterzeichnung des Ehevertrages und der sich später daran anschließenden eigentlichen religiösen Zeremonie.

Traditionsgemäß ist die Hochzeit ein großes Fest. Zu den Feierlichkeiten gehört auch ein öffentlicher Umzug der Braut und ihrer weiblichen Verwandten im Festtagsstaat, und manchmal wird die Braut unter einem goldbestickten Baldachin zu den Trauungsfeierlichkeiten geleitet. Hin und wieder beschränkte man sich allerdings zur Legalisierung einer Beziehung auf wenige Worte – eine probate Methode, eine vorübergehende Affaire ohne Gefahr öffentlicher Mißbilligung aufrechtzuerhalten. Ein Risiko war damit nicht verbunden. Seit jeher ist die Scheidung nach islamischem Recht nämlich unproblematisch, zumindest für den Mann, und nicht wenige nützten die Eheschließung als Deckmantel für wechselnde sexuelle Abenteuer. Lane äußerte sich auch hierzu:

«Man kann sich unschwer vorstellen, daß sich diese Scheidungspraktiken auf die Moral beider Geschlechter verderblich auswirken. Viele Männer in diesem Lande ehelichen im Laufe von zehn Jahren zwanzig oder gar mehr Frauen, und manche noch junge Frau hat nacheinander über ein Dutzend Ehemänner. Es soll Männer geben, die sich fast jeden Monat eine neue Frau nehmen – selbst wenn sie alles andere als begütert sind. Ein solcher Mann braucht sich nur in den Straßen Kairos unter den Frauen der untersten Schichten umzusehen; er findet gewiß eine hübsche junge Witwe oder eine geschiedene Frau, die sich für eine Morgengabe von etwa zehn Schillingen zur Heirat mit ihm bereit erklärt.»

Typisch für die Ägypter ist ihre Kinderliebe. Dennoch trieb die erbärmliche Armut in früheren Zeiten Eltern manchmal dazu, ihre Kinder zu verkaufen; aller Wahrscheinlichkeit nach als Sklaven. Lane berichtet: «Für arme Eltern ist eine junge Familie mitunter eine schier unerträgliche Bürde. In Ägypten kommt es deshalb gar nicht so selten vor, daß Kinder von ihren Müttern oder einer Frau, die vom Vater damit beauftragt ist, öffentlich zum Kauf angeboten werden.» Heutzutage leben Kinder, so arm sie auch sein

134
Kairo. Den französischen Uhrturm in der Zitadelle machte König Louis Philippe von Frankreich im Jahre 1845 Mohammed Ali zum Geschenk. Ganz offensichtlich war er bemüht, den Geschmack des Beschenkten zu treffen.

135
Kairo. Islamische Parolen vor dem Hintergrund der Sultan-Hassan-Moschee, einem Meisterwerk islamischer Baukunst, das der gleichnamige Mamelukenherrscher Mitte des 14. Jahrhunderts errichten ließ. Die Moschee beherbergt überdies die vier orthodoxen Rechtsschulen der sunnitischen Lehre des Islam.

136
Kairo ist eine Stadt der Gegensätze. Ruhig und würdevoll erheben sich uralte Moscheen mit ihren schlanken Minaretten über dem Getöse des Straßenverkehrs, und zu Füßen moderner Wolkenkratzer kauert ein Gewirr bescheidener Behausungen. Und noch immer wächst diese größte Metropole des afrikanischen Kontinents in rasantem Tempo weiter.

137
Belebte Straßenkreuzung in Alexandria. Ohne die Unterstützung von Verkehrsampeln oder Zebrastreifen muß sich der Fußgänger beim Überqueren der Straße mehr schlecht als recht seinen Weg durch die endlose Karawane lärmender Fahrzeuge erkämpfen und notfalls auch mal über ein Vehikel klettern.

138
*Wo immer im östlichen Mittelmeerraum
Mehmed Ali herrschte, spielen die Männer
noch heute auf öffentlichen Plätzen
Backgammon. Ausschließlich Männern
vorbehaltene Spiele und Vergnügungen kennt
man in sämtlichen Mittelmeerländern.*

139
*Einer von Tausenden von kleinen Läden, wie
sie in ägyptischen Basaren üblich sind. In
diesem hier wird pseudo-türkischer Touristen-
Krimskrams feilgeboten.*

140

*Messingwarenladen auf dem Khan el-Khalili,
dem größten, um 1400 gegründeten Basar
Kairos. Nach Waren oder Zünften getrennt,
sind die Läden in schmalen Gassen
angeordnet, und so manches Verkaufsgut
wird an Ort und Stelle gefertigt.*

141

Eine bunt geschmückte Marktstraße in Kairo.

142

*Kairo. Auf dem Weg hinauf zur Zitadelle
scheinen die Minarette der Sultan-Hassan-
Moschee und der Er-Rifai-Moschee hinter der
Balustrade emporzusteigen. Von oben bietet
sich ein herrlicher Blick über die Metropole bis
hinüber zu den Großen Pyramiden.*

143
*Lkw auf dem Weg zum Kamelmarkt. Ein
gutes Kamel kostet bis zu 3000 Ägyptische
Pfund, manchmal sogar noch mehr. Wenn
auch von mitunter höchst seltsamen Vehikeln
weitgehend abgelöst, ist das Kamel für den
Transport von Zuckerrohr und
Baumwollballen in rauhem, unebenem
Terrain nach wie vor unentbehrlich.*

144
*Zum vertrauten Straßenbild Kairos gehört
der mit Fladenbroten beladene Bäckerjunge.
Grundlage der ägyptischen Küche ist die
althergebrachte Kochkunst der Türken und
Araber.*

145
Weltexklusivität: in Blickweite der Großen
Pyramiden den Golfschläger schwingen!

146
Vornehmer Sportclub in Giseh. Rasenpflege
auf dem Plateau von Giseh ist ebenso
mühsam wie kostspielig.

147

Inmitten eines mit Statuen gefüllten Gartens – unter anderem ein Standbild von Auguste Mariette, dem Gründer der Sammlung – liegt das Ägyptische Museum von Kairo. Während die Griechen und Römer ägyptische Altertümer bestaunten und sammelten, taten es die Araber und Türken den römischen Päpsten gleich und errichteten aus den Steinen altehrwürdiger Bauwerke ihre eigenen Paläste.

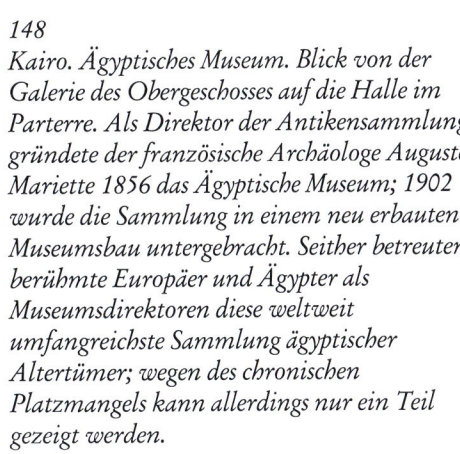

148

Kairo. Ägyptisches Museum. Blick von der Galerie des Obergeschosses auf die Halle im Parterre. Als Direktor der Antikensammlung gründete der französische Archäologe Auguste Mariette 1856 das Ägyptische Museum; 1902 wurde die Sammlung in einem neu erbauten Museumsbau untergebracht. Seither betreuten berühmte Europäer und Ägypter als Museumsdirektoren diese weltweit umfangreichste Sammlung ägyptischer Altertümer; wegen des chronischen Platzmangels kann allerdings nur ein Teil gezeigt werden.

149

Wenn an bestimmten Tagen ganze Schulklassen durch das Ägyptische Museum schwärmen, ist es kaum möglich, auch nur einen flüchtigen Blick auf den goldenen Sarkophag des Königs Tutanchamun zu werfen – eines der Prunkstücke dieses Museums.

150
Theben-West, Tal der Könige, Grab des
Haremheb. Der Pharao zusammen mit Ptah,
dem Hauptgott von Memphis.

151
*Theben-West. Grab des Prinzen Amun-her-
Chopeschef, eines Sohnes Ramses' III., im Tal
der Königinnen. Auf den herrlichen
Wandmalereien des tunnelähnlichen
Felsgrabes stellt der Pharao seinen Sohn
nacheinander allen Göttern vor. In dieser
Szene entbietet Ramses III. Anubis, dem
schakalköpfigen Gott der Unterwelt, seinen
Gruß.*

152
*Theben-West, Tal der Könige. Grab
Haremhebs (18. Dynastie), der kurz nach
Tutanchamun die Herrschaft übernahm. Der
Pharao ist in Gesellschaft des falkenköpfigen
Gottes Horus zu sehen, des Sohnes von Isis
und Osiris.*

153
*Theben-West, Tal der Könige: Grab des
Haremheb. Hier steht der Herrscher zwischen
Horus und Hathor, der mütterlichen
Himmels- und Liebesgöttin, die oftmals –
wie auf dieser Darstellung – ein Kuhgehörn
mit eingelegter Sonnenscheibe auf dem Kopf
trägt.*

154

Abydos, Tempel von Sethos I. In dieser Szene wird der allgegenwärtige Ramses II., der hier die Krone Unterägyptens trägt, von Amun-Re begrüßt. Die Reliefs im Tempel von Abydos zählen zu den schönsten ihrer Art in der ägyptischen Kunst; ihre ursprüngliche Farbe blieb teilweise erstaunlich gut erhalten.

155

Abydos. Nach mehr als drei Jahrtausenden haften die verblaßten Farben noch immer an diesem Relief von Ramses II.; er vollendete den von seinem Vater Sethos I. begonnenen Tempel.

156

Kultische Prozession der Amun-Priesterschaft. Das Opet-Fest begann im zweiten Monat der alljährlichen Nilschwemme und dauerte 24 Tage. Bei dieser Gelegenheit wurde Amuns Götterbarke in feierlicher Prozession von Karnak nach Luxor und wieder zurück in den Tempel von Karnak getragen.

157
Theben-West, Gräber der Vornehmen von Abd el-Kurna: Wandbild im Grabe Sennefers, des Fürsten der Südlichen Stadt (d.h. des «Bürgermeisters» von Theben). Ihm waren unter Amenophis II. (18. Dynastie, um 1400 v. Chr.) die Kornkammer und die Ställe des Amun unterstellt.

158
Theben-West, Gräber der Vornehmen in Abd el-Kurna: Fürst Sennefer und seine Gemahlin Senet-nofret als glückliches junges Paar. Die herrlichen Wandmalereien in den Gräbern von Abd el-Kurna vermitteln eine Fülle von Einblicken in das Alltagsleben der alten Ägypter.

159
Die Künstler, Steinmetze und Arbeiter, die all die Herrlichkeiten in Theben schufen, bewohnten ihr eigenes Dorf bei Der el-Medina. Gegründet worden war es von Amenophis I. (18. Dynastie), dem ersten Pharao, der Königsgrab und Totentempel voneinander trennte. Im Vergleich zu den Prachtgräbern im Tal der Könige sind die Grabstätten der Dorfbewohner bescheiden, aber mit vollendeten Wandmalereien geschmückt, die vom Leben der damaligen Mittelschicht erzählen. Die Abbildung hier stammt aus dem Grab des Sennodjem; es zeigt ihn mit seiner Frau in Gegenwart der Götter.

mögen, wenigstens nicht mehr in der Gefahr, aus ihren Familien herausgerissen zu werden. Mitunter laufen sie als 6- oder 7jährige Knirpse noch nackt herum; später werden sie wie Miniaturausgaben von Erwachsenen gekleidet. Angesichts der Liebe und Zuwendung, die man in Ägypten den Sprößlingen angedeihen läßt, fragt sich so mancher Besucher, weshalb so viele Kinder schmutzig und zerlumpt im Straßendreck spielen. Dahinter steckt oftmals eine Absicht der Eltern; sie lassen ihr Kind ganz bewußt armselig herumlaufen, um den «bösen Blick» von ihm fernzuhalten. Man glaubt nämlich, daß ein allzu hübsches, gepflegtes Kind möglicherweise Bewunderung und Neidgefühle erweckt, durch die es – so unschuldig es auch ist – krank werden oder gar sterben kann.

Knaben werden in der Regel im Alter von fünf bis sechs Jahren beschnitten. Dieser Initiationsritus ist Anlaß für ein Fest; man putzt sich heraus und meist promenieren die Eltern mit dem Sprößling durch die Straßen, um die Glückwünsche von Nachbarn und Bekannten entgegenzunehmen. Während jedoch der religiöse Brauch der Knabenbeschneidung auch heutzutage noch vertretbar ist, rief die Beschneidung der Mädchen – eine weit verbreitete Tradition in Zentralafrika und unter dem Landvolk Ägyptens – einen Sturm der Entrüstung hervor. Im Gegensatz zu dem geringfügigen Eingriff bei Knaben stellt die Beschneidung der Mädchen eine schwere Verstümmelung dar, die oftmals ein Leben lang Schmerzen bereitet und mit gynäkologischen Problemen verknüpft ist. Unseligerweise setzen sich ausgerechnet die älteren Frauen für die Bewahrung dieser Tradition ein, weil sie fürchten, man könne ihre unbeschnittenen Töchter für schändlich halten. Mittlerweile kämpfen mehrere islamische Gelehrte gemeinsam gegen die Beschneidungspraktiken an, mit dem Argument, sie wurzelten weder im Islam noch würden sie an irgendeiner Stelle des Korans gutgeheißen.

Söhne werden nach dem Vater genannt und Töchter nach der Mutter. Beliebt sind vor allem die Namen des Propheten, seiner Familienangehörigen und Anhänger. Zu den häufigsten männlichen Vornamen zählen Mohammed, Achmed, Mustafa und Ali, Hassan, Hoseyn, Ibrahim, Ismail und Isaak sowie Jakob, Moosa, Daood und Suleyman. Weit verbreitet bei den Mädchen sind Khadige, Aisha, Amne, Fatme und Zeyneb; oftmals wird die Tochter auch nach einer Blume oder einem wertvollen Gegenstand genannt, oder sie erhält einen bedeutungsvollen Namen wie beispielsweise Mahboobe («die Glückselige»), Mebrooken («Geliebte») oder Nefeese («die Kostbare»).

Alltagsleben

Von der Feldarbeit des Fellachen war bereits in Kapitel I kurz die Rede. Über die Tätigkeit der Frau berichtet Lane:

«Ihre Hauptaufgaben sind die Zubereitung der Mahlzeiten für den Mann, Wasserholen und das Spinnen von Baumwolle, Leinen und Wolle. Außerdem obliegt ihr die Herstellung von *Gelleh,* das sind Fladen aus Kuhmist und gehäckseltem Stroh, die auf dem Dach der Behausung, an deren Wänden oder auf dem Boden in der Sonne getrocknet werden und als Brennmaterial dienen.»

Hin und wieder bieten die Frauen auf dem Markt eine Handvoll Eier feil, selbstgebackenen Kuchen oder hausgemachten Käse und bringen damit ein paar zusätzliche Piaster in die Haushaltskasse. Am Markttag geht es geschäftig zu; man trifft sich zu einem Schwätzchen und Budenbesitzer und Fliegende Händler preisen lautstark ihre Waren an. Mittelpunkt der täglichen Geschäfte in den Städten sind die Basare. Hier gibt es Fleisch, Obst, Gemüse und Gewürze, Kleider, Geschirr, Metallwaren und Schmuck. Wie im Mittelalter so hat auch heute noch in manchen modernen Basaren und Einkaufsvierteln jedes Gewerbe seinen angestammten Platz; Kairos Kupferschmiede beispielsweise finden sich alle entlang derselben Straße.

Zu den althergebrachten Einrichtungen in den Städten gehörte auch das öffentliche Bad, wo es gesellig und zwanglos zuging. Angesichts der Frauen, die hier – einerlei ob jung oder alt – splitternackt und ohne einen Faden am Leibe umherflanierten, erfaßte Edward Lanes Schwester Sophia Poole blankes Entsetzen. Von so viel ungeniert zur Schau gestellter Nacktheit aufs Peinlichste berührt, pflegte sie einen der nichtöffentlichen Räume zu mieten, wo man im Anschluß an ein Dampfbad eine leichte Knetmas-

Die goldene, mit Lapislazuli eingelegte Maske des Königs Tutanchamun zählt zu den kostbarsten Schätzen des Ägyptischen Museums in Kairo. Der junge Pharao starb um 1350 v. Chr. im Alter von 18 Jahren. Dieser «Schatz des Tutanchamun», im Jahre 1922 nahezu unversehrt in seinem Grab im Tal der Könige entdeckt, machte den Herrscher zu einer der uns bekanntesten Figuren der Geschichte Altägyptens, in der er allerdings eine ziemlich unbedeutende Rolle gespielt hat.

sage genießen konnte, die auf Wunsch bis zum Knacken der Gelenke verstärkt wurde. Anschließend rieb die Badefrau den Körper ihrer Kundin mit ihren in wollenen Hüllen steckenden Händen kräftig ab und schäumte ihn mit *Leef,* einer Mixtur aus Seife und Palmfasern ein. Sophia Poole schätzte das ägyptische Bad als ungemein wohltuende und angenehme Prozedur – vorausgesetzt allerdings, die englische Lady blieb von der allgemeinen Nacktheit, die ihr Gefühl für Schicklichkeit verletzte, und vom Geschrei der Kinder, das ihre Ohren beleidigte, verschont.

Essen und Trinken

In den Familien der Oberschicht war es früher üblich, daß der Hausherr seine Mahlzeiten ohne die Gesellschaft von Ehefrau und Kindern einnahm, und selbst viele Fellachen saßen niemals gemeinsam mit der Familie am Tisch. Bereits zu Lanes Zeiten hegten die ägyptischen Männer eine besondere Vorliebe für Tabak: «Wer immer sich diesen Luxus leisten kann, genießt bereits frühmorgens und dann noch des öfteren im Laufe des Tages seine Pfeife und eine Tasse Kaffee. Viele Männer sieht man kaum jemals ohne Pfeife; sie halten sie entweder in der Hand oder lassen sie sich von einem Diener hinterhertragen.» Heutzutage rauchen so gut wie alle Ägypter, und eine Pfeife oder *Shibuk* kann man in jedem Kaffeehaus ausleihen.

Zum Frühstück trank man oftmals nur eine Tasse Kaffee, dafür gab es ein frühes Mittagessen. Lane beschreibt ein Frühstück mit Brot, Eiern, Butter und Käse, oder mit *Fateereh,* einem gehaltvollen Buttergebäck aus einer Art Blätterteig, das manchmal noch mit Honig bestrichen oder mit Zucker bestreut wurde, welches sich gutsituierte Familien leisteten. Über die Ernährung der Landbevölkerung berichtet Lane:

«Ihre Kost besteht vorwiegend aus Hirse- oder Maisbrot, Milch, Weißkäse, Eiern und kleinen, eingesalzenen Fischen. Hinzu kommen vielerlei Arten von Gurken, Melonen und Kürbissen, Zwiebeln, Lauch und Bohnen sowie Platterbsen, Auberginen, Linsen usw.; außerdem frische und getrocknete Datteln und eingelegtes Gemüse. Das meiste Gemüse wird aber roh verzehrt. Zu den Ausnahmen zählen Maiskolben; sie werden gepflückt, solange der Mais noch nicht ganz ausgereift ist und dann geröstet oder gekocht. Reis als Grundnahrungsmittel ist für den Fellachen unerschwinglich, und ein ordentliches Stück Fleisch landet nur selten im Kochtopf ... Angesichts dieser einfachen, kargen Kost des ägyptischen Landvolkes ist es erstaunlich, wie robust und gesund die meisten Menschen sind und welche körperliche Schwerarbeit sie verrichten können.»

Wie bei den Juden gilt auch bei den Mohammedanern das Schwein als unreines Tier, und der Islam verbietet strikt den Genuß von Schweinefleisch. Anderes zum Verzehr bestimmtes Fleisch darf nur von Tieren stammen, die unter Einhaltung des religiösen Rituals und Anrufung Allahs geschlachtet (geschächtet) wurden. Trunkenheit gilt gleichfalls als Sünde wider die wahre Religion, und Alkoholgenuß ist deshalb verboten – ein Gebot, an das sich allerdings nicht alle islamischen Länder streng halten. Ägypten beispielsweise galt in dieser Hinsicht als ziemlich liberal – selbst während des von Strenggläubigkeit geprägten 19. Jahrhunderts. Lane:

«So mancher setzt sich schamlos darüber hinweg. Der Genuß von *Booweh* oder *Boozah* beispielsweise, einem berauschenden Getränk aus mit Wasser vergorenem Gerstenbrotkrumen, ist bei den Nilschiffern und anderen Angehörigen der Unterschicht gang und gäbe.» Sehr beliebt ist heute das ägyptische Bier «Stella», und Moslems, die von sich behaupten, dem Wort des Propheten getreu keinen Wein anzurühren, gibt es zuhauf – sie halten sich statt dessen an Whisky.

Zu Lanes Zeiten stand bei den Mahlzeiten meist nur Nilwasser auf dem Tisch. «Das Nilwasser schmeckt auffallend gut; im Gegensatz dazu ist das Wasser aus den Brunnen in Kairo und anderen Landesteilen ein wenig brackig.» So gerne Lane das Flußwasser auch geschlürft haben mag – die damit einhergehenden Gesundheitsrisiken, auf die im nächsten Kapitel noch näher eingegangen wird, waren alles andere als harmlos. Heute gelangt Wasser über Pipelines in die Dörfer, und damit ist die Versorgung des Landes mit einwandfreiem Trinkwasser gewährleistet.

Soziales Gefüge

Die Klassengesellschaft Ägyptens war von scharfen Unterschieden in den sozialen Gepflogenheiten geprägt. In der Ära Mohammed Ali maß man der Bezeichnung der eigenen Stellung mehr Bedeutung zu, und mit dem Erreichen des Mannesalters erhielt selbst ein Mann von bescheidenem Rang den Titel *Scheich* («ältere» oder «alte Person»). Träger dieses Titels waren darüber hinaus Geistliche und Gelehrte.

Nachkommen des Propheten Mohammed, die in allen Schichten und Berufszweigen anzutreffen waren, bezeichnete man als *Scherif*, und wer die vorgeschriebene Pilgerfahrt nach Mekka gemacht hatte, durfte sich – und dies ist noch heute so – *Haddsch* nennen. Eine weit verbreitete Anrede für Frauen war *Sitt* («Herrin» oder «Gebieterin des Hauses»).

Je ärmer die Familie, desto stärker wurde die Frau unterjocht. Der Mann pflegte seiner Frau einige Schritte vorauszugehen, und ihr – von seiner Tabakpfeife oder einem

Männer der Mittel- und Oberschicht
(Edward Lane, 1860)

Gehstock abgesehen – auch das Schleppen von Lasten zu überlassen. Derlei Gepflogenheiten beschränkten sich keineswegs auf Ägypten, sondern waren im Mittelmeerraum weit verbreitet.

Sklaverei ist – zumindest offiziell – im modernen Ägypten verboten, war aber in diesem Lande jahrhundertelang üblich. Noch unter Mohammed Ali florierte der Sklavenhandel mit Abessinien und Schwarzafrika, und Mißbrauch und Schändung von jungen Mädchen und Kindern war gang und gäbe:

«Die meisten von ihnen werden von den *Gellabs*, den oberägyptischen und nubischen Sklavenhändlern, die sie aus ihren Heimatländern hierher verschleppen, entsetzlich mißbraucht. Unter den 8- bis 9jährigen gibt es nur sehr wenige, die von Brutalität und Gewalttätigkeit verschont bleiben. Diese Kinder, allen voran abessinische Knaben und Mädchen, leiden unter den Peinigungen der *Gellabs* derart unsäglich, daß sich viele während ihres Transportes nilabwärts im Fluß ertränken.»

Wilhelm Müller, ein anderer Ägyptenreisender, der sich etwa zur selben Zeit wie Lane im Lande aufhielt, besuchte einen Kairoer Sklavenmarkt und war Zeuge, wie 30 bis 40 Kinder und Halbwüchsige in einem offenen Hofraum zum Kauf angeboten wurden. Im Obergeschoß des angrenzenden Hauses hatte man die hübschesten Mädchen eingsperrt; dort führte man sie interessierten Kunden splitternackt zur Begutachtung vor. War ein Sklave dann jedoch in einer ägyptischen Familie gelandet, wendete sich sein Los oftmals zum Besseren, und mit der Zeit betrachtete man ihn bzw. sie als Teil der Familie. Nicht selten avancierte ein Sklavenmädchen auch zur Konkubine des Hausherrn. Ob nun moralisch vertretbar oder nicht – Tatsache war, daß sie mit der Geburt eines Kindes oftmals ihre Freiheit geschenkt bekam. Als Freigelassene konnte sie sogar damit rechnen, von ihrem einstigen Herrn geehelicht zu werden, weil sie, dem Sittenkodex folgend, als freie Frau nicht zur Konkubine gemacht werden durfte.

Seit jeher sind die Ägypter berühmt für ihre Höflichkeit im gesellschaftlichen Umgang. Lane schreibt dies dem religiösen Hintergrund zu:

«Im Umgang mit anderen außerordentlich formell und korrekt, sind die Moslems in Auftreten und Konversation ganz allgemein aber ungezwungen und offen. Zum Teil gründen sich ihre alltäglichen Gepflogenheiten auf die Gebote ihrer Religion und heben sie in der Gesellschaft von den übrigen Menschen ab. Seinen Glaubensbruder beispielsweise begrüßt der Mohammedaner mit dem Satz ‹Friede sei mit dir›, worauf dieser erwidert: ‹Friede sei mit dir, und die Barmherzigkeit und der Segen Allahs.› Dieser Begrüßungsformel bedient sich ein Moslem niemals bei Ungläubigen, also bei Personen anderen Glaubens.»

Transportmittel

Esel und Kamel, jahrhundertelang die wichtigsten Transportmittel, sind auch heute, wo Autos und Lkws in teilweise fragwürdigem technischem Zustand die Straßen verstopfen, nicht aus Ägypten wegzudenken. Hin und wieder erblickt man ein kurioses Nebeneinander von Althergebrachtem und Modernem – beispielsweise einen offenen Lkw, auf dessen Ladefläche kniende Kamele mit herablassendem Gesichtsausdruck über die Bordwand äugen. Wiederum war es Lane, der berichtete: «Esel, die man auch mieten kann, dienen in Kairo gewöhnlich dazu, sich in gemächlicher Gangart einen Weg durch die engen, überfüllten Straßen und Gassen zu bahnen. Seit langem ist Ägypten für seine ausgezeichneten Esel berühmt; in der Regel größer als hierzulande, sind sie unseren Eseln in jeder Hinsicht weitaus überlegen.»

Der Gedanke, der Gesundheit zuliebe zu Fuß zu gehen, dürfte neueren Datums sein. In Ägypten und anderen Mittelmeerländern jedenfalls bewirkte die Fortbewegung auf den eigenen Beinen einen merklichen Prestigeverlust: «Solange es sich ein Ägypter leisten kann, ein Pferd, ein Maultier oder einen Esel zu halten oder zu mieten, sieht man ihn jenseits der Schwelle seines eigenen Hauses nur selten zu Fuß», fährt Lane in seinen Schilderungen fort. Aus der Art, wie er sich auf seinem Reittier sitzend einen Weg durch die Menschenmenge bahnte, dürfte sich die heute in Kairo übliche Fahrweise entwickelt haben:

«Dem Reiter laufen ein oder zwei Diener voraus und bahnen ihm den Weg. Aus demselben Grunde trabt ein Diener gewöhnlich neben oder hinter, mitunter auch vor dem Esel einher und fordert die Leute auf der Straße lautstark auf, Platz zu machen oder Rücken, Gesicht, Weichteile, Fersen und Zehen in Sicherheit zu bringen. Der Reiter selbst muß jedoch gleichfalls wachsam sein und darf sich nicht ausschließlich auf seine «Wegbereiter» verlassen; sonst kann es vorkommen, daß ihn die ausladende Last eines vorüberziehenden Kamels abwirft – ein Malheur, das in den engeren Straßen mit ihrem Menschengetümmel mitunter tatsächlich nicht zu vermeiden ist.»

Gewöhnlich aber gelangte der Reiter – wenn auch bespritzt vom Inhalt der Wasserflaschen und Ölkrüge, die er unterwegs angerempelt hatte, und Mund und Augen voller Staub – wohlbehalten ans Ziel.

Als Transportmittel aus Ägypten nicht wegzudenken war und ist das Boot. Seit undenklichen Zeiten kreuzen Boote auf dem Nil, und im Laufe der Zeit bildeten sich zum Transport von Menschen und Waren allerlei Formen und Größen von Wasserfahrzeugen heraus. Am häufigsten ist heute die *Feluke* zu sehen, ein althergebrachtes Boot mit schlanken, weißen Segeln, das der Ägyptenreisende auch mieten kann, und das ihn zu einer Nil-Insel oder ein Stück flußabwärts trägt. Den gehobenen Ansprüchen der Reisenden in viktorianischer Zeit kam für ihre Kreuzfahrten eher die *Dahabije* entgegen, eine größere, mit Segeln bestückte Nil-Barke, auf der bis zu zehn Personen nächtigen konnten. Weniger betuchte Besucher begnügten sich für ihren Ausflug auf dem Nil mit einer etwas kleineren *Cangia*. Lasten wurden auf Flachbooten transportiert. Heute ziehen große Lastkähne mit eisernem Rumpf den Strom hinauf und hinunter; sie bieten genügend Platz für eine mehrköpfige Mannschaft, die während längerer Fahrten auf dem Schiff lebt und arbeitet.

Ägypten
kurz vor 2000

Bildungswesen

1925 wurde in Ägypten die Schulpflicht eingeführt, und seit 1950 ist der Besuch von höheren Schulen kostenfrei. Nach wie vor aber liegt es mit der landesweiten Bildung im argen. Selbst offizielle Statistiken räumen ein, daß nur dreiviertel der ägyptischen Kinder jemals eine Schule besuchen und lediglich die Hälfte der Bevölkerung lesen und schreiben kann. Erstmals wurde im 19. Jahrhundert ein staatliches Bildungsprogramm ins Leben gerufen, das aber nicht ohne weiteres in die Praxis umzusetzen war. Ein wichtiges Problem war und ist noch heute der Mangel an Mitteln und geeigneten Einrichtungen. Trotz aller Bemühungen, durch Neubauten und den Umbau älterer Gebäude genügend Schulraum zu schaffen, konnten zu Beginn der Nasser-Ära beispielsweise die Grundschulen nur ein Drittel der schulpflichtigen Kinder aufnehmen. So manches alte verschlafene Herrenhaus erwachte durch den Klang von Kinderstimmen zu neuem Leben, die Zahl der Lehrer nahm zu; doch dies alles reichte nicht aus.

Zuvor hatte es in Ägypten zwar auch schon viele Schulen gegeben, die aber von der inneren Struktur her völlig anders waren und sich stark voneinander unterschieden. Üblicherweise besuchten die Kinder die *Kuttab*, eine der Moschee angegliederte Elementarschule, wo sie gegen ein sehr geringes Entgelt lesen und schreiben lernten und im Koran unterwiesen wurden. Die übrigen, zumeist während des 19. Jahrhunderts gegründeten Schulen waren alle unterschiedlich ausgerichtet. Schwerpunkt der ersten staatlichen Lehranstalten beispielsweise war die militärische Ausbildung; außerdem gab es englische, amerikanische und französische Schulen sowie die Unterrichtsstätten verschiedener Konfessionen, z.B. der schottischen Calvinisten, der römisch-katholischen und der griechisch-orthodoxen Kirche und natürlich der Kopten.

Mittlerweile wurde in Ägypten ein einheitliches Unterrichts- und Bildungswesen geschaffen. Stärker auf die Gesellschaft von heute und die Stellung des Landes in der Welt zugeschnitten, berücksichtigt es nationale Interessen und die Notwendigkeit einer Öffnung gegenüber modernen Technologien gleichermaßen. Die Lehrerausbildung wurde auf eine fundierte Basis gestellt, die Standard-Lehr- und Schulbücher wurden überarbeitet. Sie sind nun alle in arabischer Sprache geschrieben und bei Fächern wie Geschichte und Geographie steht die ägyptische Sicht der Fakten im Vordergrund – nicht mehr die Lesart des Kolonialismus. Nach wie vor existierende ausländische Bildungseinrichtungen sind gesetzlich dazu verpflichtet, ihren mohammedanischen Schülern Unterricht in Arabisch, islamischer Geschichte und dem Koran zu erteilen. Am Lehrbetrieb des British Institute und der Amerikanischen Universität von Kairo hat sich nichts geändert; beide Institutionen werden allerdings in erster Linie wegen der Vermittlung der im Lande dringend benötigten Englischkenntnisse geduldet. Lehranstalten mit uralter Tradition sind noch nicht gänzlich verschwunden: Auch heute noch stehen die Pforten der El-Ashar-Universität in Kairo, einer der ältesten islamischen Universitäten der Welt, Scharen von Studenten aus mehr als 30 islamischen Ländern offen.

Auf einer breiteren Basis steht mittlerweile auch die Hochschulbildung, und die Zahl der Universitäten stieg von vier im Jahre 1952 auf zwölf im Jahre 1982. Eine Reorganisation der technischen Ausbildung nahm man 1956 in Angriff, und mittlerweile existieren Fachinstitute, die sich ganz gezielt mit Technologien für Baumwollanbau und -verarbeitung, Petrochemie und Elektronik befassen. Mit der Politik einer breiteren Streuung von Fach- und Hochschulen verfolgte man zudem den Zweck der Entlastung der Bildungszentren Kairo und Alexandria; dennoch sind einige der besonders populären Fakultäten dieser Universitäten restlos überfüllt. Ein Grund hierfür ist der ansehnliche Zustrom von ausländischen Studenten aus anderen Regionen Afrikas und aus Asien, der eine zusätzliche Belastung für die in ihrer Kapazität ohnehin begrenzten Einrichtungen darstellt. Unterstützt von staatlichen Studienbeihilfen, studiert heute etwa ein Prozent der ägyptischen Bevölkerung. Einerlei ob männlich oder weiblich – jeder junge Ägypter mit entsprechenden schulischen Leistungen hat faktisch ein Anrecht darauf, seine bzw. ihre Ausbildung von der höheren Schule an weiterzuführen bis hin zur Erlangung des Doktorgrades.

Genährt wird diese wachsende Vorliebe für eine akademische Ausbildung unter anderem auch durch das wohlgemeinte, aber allzu optimistische Versprechen Nassers, jeder Hochschulabsolvent könne mit einem Posten im Staatsdienst rechnen. Die Einhaltung dieser Zusage erwies sich jedoch als unmöglich. Anstatt sie aber zurückzunehmen und damit einen Sturm der Entrüstung zu riskieren, verlegte sich die Regierung mittlerweile auf eine Hinhaltetaktik. Zwischen den Examina und der verbindlichen Zusage eines Postens im Staatsdienst liegt nun eine obligatorische Wartezeit von drei Jahren. Auf diese Weise hofft man, daß viele Jungakademiker vor Ablauf der Frist eine andere Anstellung finden. Zusätzlich müssen die jungen Frauen ein Pflichtjahr in der Sozialfürsorge absolvieren und die jungen Männer ein bis zwei Jahre lang in der Armee dienen, ehe sie für eine Anstellung überhaupt in Betracht kommen. Die Redensart *al-shahada silah* («Ein Zeugnis ist eine Waffe») beschränkt sich zwar nicht auf Hochschulabsolventen, aber viele von ihnen machen die Erfahrung, daß es nicht nur schwierig ist, einen Job zu finden, sondern daß die Tätigkeit, für die sie ausgebildet wurden, auch nur sehr wenig einbringt. Ein Biologe im Staatsdienst beispielsweise kann von seinen Bezügen kaum seine Familie ernähren und kommt praktisch nicht umhin, sein Salär durch eine lukrativere Nebenbeschäftigung, z.B. als Taxifahrer, aufzubessern.

Koedukation ist heute in Ägypten üblich, wird aber nicht generell praktiziert. Die Grundschulen sind meist gemischt, höhere Lehranstalten hingegen in der Regel nach Geschlechtern getrennt. Offiziell gilt auch für die Universitäten das Prinzip der Koedukation, doch mit dem wachsenden Einfluß des islamischen Fundamentalismus zeigt sich neuerdings wieder eine Tendenz zur Trennung von Studenten und Studentinnen. Das Verhältnis von Frauen zu Männern an den Hochschulen hält sich in etwa die Waage – mit leichter Überzahl der Frauen.

Die Stellung der Frau

«Auf einen Schlag setzte die Revolution von 1952 der unterschiedlichen Behandlung der Geschlechter auf dem Gebiet der Bildung und Berufswahl ein Ende ... Mit der Ausmerzung feudaler Strukturen und der Schaffung des für alle Bürger freien Zuganges zu allen Bildungsmöglichkeiten machten sich die Mädchen die sich ihnen bietenden Chancen zunehmend zunutze, überdies begannen auch die Eltern, sie in dieser Richtung zu bestärken.»

Mit dieser offiziellen Sicht der Dinge sind die althergebrachten Werte, die die Frau auf den Bereich von Heim und Familie einengen, allerdings keineswegs ausgestorben, insbesondere auf dem Lande nicht. (Weitere offizielle Verlautbarungen und nützliche

Gebetshaltung (Edward Lane, 1860)

Der Alabasterschneider Titi Arabi mit seinen Söhnen und Enkeln auf der Schwelle seines Heimes in Theben-West.

Hinweise sind der Broschüre *Modern Egypt* [«Modernes Ägypten»] zu entnehmen, die die Regierung in regelmäßigen Abständen herausgibt, und die einen Überblick über den aktuellen Stand der ägyptischen Wirtschaft und Gesellschaft enthält. Allerdings sollte man sich dabei immer bewußt machen, daß diese Broschüre und ähnliche offizielle Publikationen, die sich im übrigen beim Zusammentragen dieses Kapitels als hilfreich erwiesen, ein Bild vom Staate Ägypten liefern, das den Wunschvorstellungen der Regierenden, aber nicht notwendigerweise der Wirklichkeit entspricht.)

Mittlerweile haben sich die Ägypterinnen ihren Platz in der Gesellschaft erobert und sind auch in hohen Positionen anzutreffen – als Professorinnen sämtlicher Fachrichtungen an den Universitäten, als Ärztinnen und Wissenschaftlerinnen, Juristinnen und Führungskräfte in der Wirtschaft. Dreimal stand das Sozialministerium bisher unter weiblicher Leitung, und Frauen auf dem Posten des Unterstaatssekretärs in einem Ministerium sind keineswegs die Ausnahme. Vorstöße in Richtung Gleichberechtigung der Frau setzten nicht erst mit der Revolution ein; immerhin hatte Hoda Sharawi bereits 1923 die Ägyptische Feministinnen-Union gegründet. 1938 folgte dann der 1. Kongreß Arabischer Frauen in Kairo, in dessen Verlauf die Teilnehmerinnen die Zulassung von Frauen zum Hochschulstudium und insgesamt bessere Arbeitsbedingungen für Frauen forderten. Heute kommen beide Geschlechter in den Genuß staatlicher sozialer Leistungen. Berufstätige Frauen erhalten eine Altersversorgung, und jede Frau hat beim Tode ihres Mannes Anspruch auf Witwenrente. Was Eigentums- und Vermögensfragen angeht, so behandelt das islamische Recht die Frauen seit jeher ausgesprochen fair. In ihrem Recht auf Eigentum und darauf, im Rahmen eigener Geschäfte Dinge zu kaufen, zu verkaufen, zu mieten oder zu verpachten, stand und steht die Frau dem Manne niemals nach.

Gesundheits- und Sozialwesen

Insgesamt gesehen befindet sich die moderne ägyptische Medizin auf europäischem Niveau, leidet aber unter dem Mangel an Fachkräften und einer leistungsfähigen Organisation. Die Gesundheitsfürsorge ist unentgeltlich, doch wer es sich leisten kann, legt etwas drauf und sichert sich damit eine beschleunigte Behandlung oder ein Privatzimmer bei stationärem Aufenthalt.

Allen voran waren es zwei Krankheiten, die vorwiegend die ländlichen Gegenden heimsuchten – Bilharziose und Trachom (Ägyptische Körnerkrankheit). Bilharziose ist eine unter Umständen tödlich verlaufende Parasitenerkrankung, bei der die Erreger durch Haut und Schleimhaut in die Blutbahn gelangen. Trotz der Entwicklung wirksamer Medikamente ist die Krankheit noch weit verbreitet, und die Bekämpfungsmaßnahmen konzentrieren sich in erster Linie auf die Ausrottung einer bestimmten Art von Wasserschnecke, die den Parasiten als Zwischenwirt dient. Neben der Vernichtung der Brutstätten durch Chemikalien versucht man auch, durch das Betonieren von Kanalufern gegen die Verbreitung von Bilharziose vorzugehen. Wie bei anderen Gesundheitsproblemen in Ägypten wäre durch Aufklärung und Erziehung auch bei dieser Krankheit bereits die halbe Schlacht gewonnen. Könnte man die Menschen erst einmal dazu bringen, kein Wasser aus den Kanälen zu trinken und die Gewässer von Fäkalien freizuhalten, ließen sich Bilharziose und allerlei andere Krankheiten von der Problemliste streichen. Sauberes Trinkwasser aus der Pipeline ist – wie bereits erwähnt – heute fast überall in Ägypten verfügbar.

Etwas erfolgreicher in den Griff bekommen hat man die zweite weitverbreitete endemische Krankheit – das als Ägyptische Körner- oder Augenkrankheit bezeichnete Trachom. Die Krankheitserreger werden unter anderem durch Fliegen übertragen, die über Gesicht und Augenlider krabbeln. Regelmäßige Informationskampagnen, die über die Gefahren der Krankheit aufklären und die Leute dazu ermuntern, infizierte Kinder unverzüglich behandeln zu lassen, zeitigten mittlerweile Erfolge – die Verbreitung des Trachoms ist merklich zurückgegangen.

An Krankenhäusern, die auf derlei Probleme eingestellt sind, fehlt es inzwischen nicht mehr. Familien auf dem Lande finden heute meist Hilfe in einer nahegelegenen Klinik und müssen nicht mehr auf medizinische Versorgung verzichten. Alles in allem

162

Alexandria aus der Vogelperspektive. Im Vordergrund die Anfuschi-Bucht und die Landzunge von Fort Quait-Beys mit dem Pharos-Pier, auf dem einst der weltberühmte Leuchtturm, eines der Sieben Weltwunder, emporragte. Rechts der Westhafen mit Verladebahnhof und links der bogenförmige Osthafen.

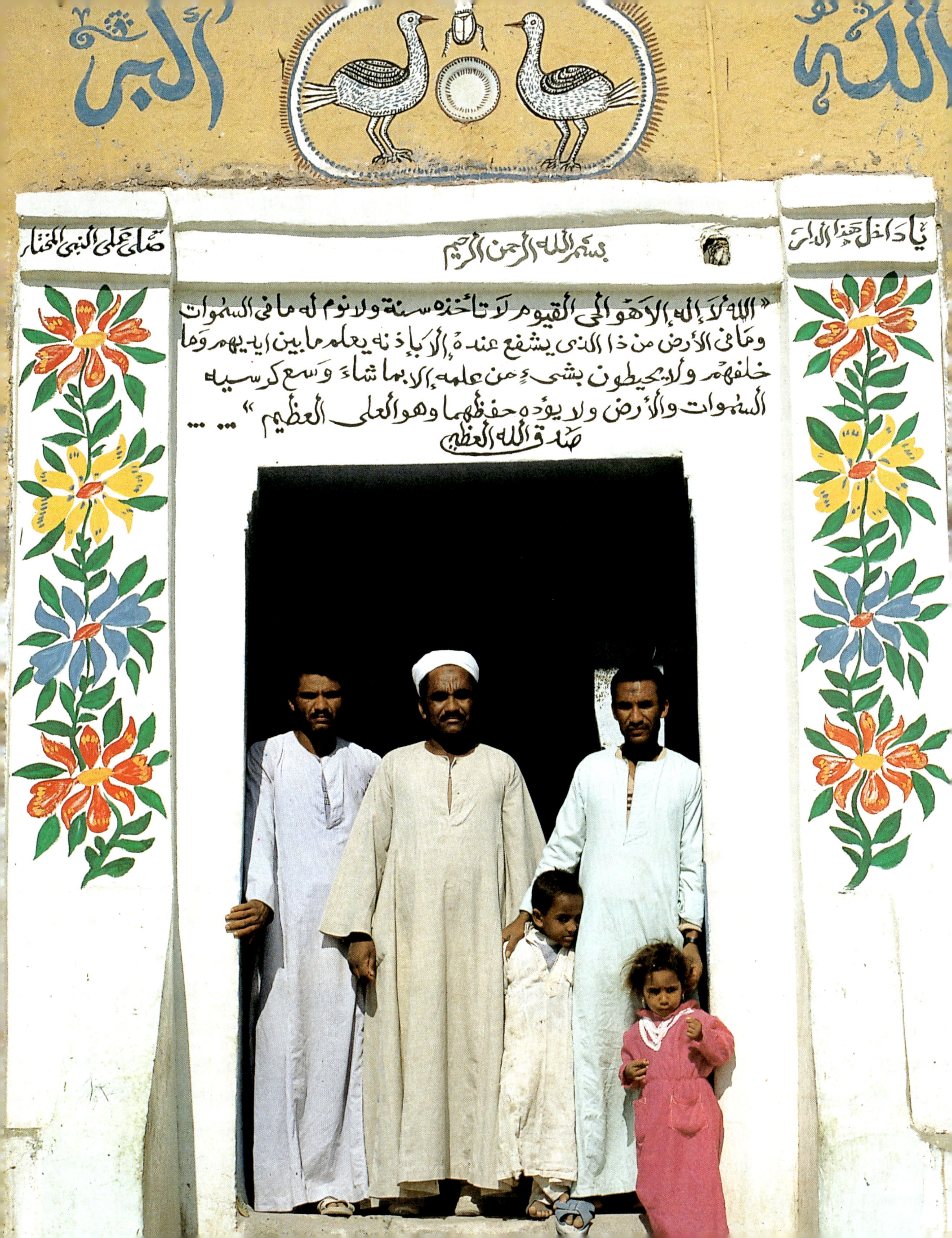

بِسْمِ اللهِ الرَّحْمَنِ الرَّحِيمِ

« اللهُ لَا إِلَهَ إِلَّا هُوَ الْحَيُّ الْقَيُّومُ لَا تَأْخُذُهُ سِنَةٌ وَلَا نَوْمٌ لَهُ مَا فِي السَّمَوَاتِ
وَمَا فِي الْأَرْضِ مَنْ ذَا الَّذِي يَشْفَعُ عِنْدَهُ إِلَّا بِإِذْنِهِ يَعْلَمُ مَا بَيْنَ أَيْدِيهِمْ وَمَا
خَلْفَهُمْ وَلَا يُحِيطُونَ بِشَيْءٍ مِنْ عِلْمِهِ إِلَّا بِمَا شَاءَ وَسِعَ كُرْسِيُّهُ
السَّمَوَاتِ وَالْأَرْضَ وَلَا يَؤُودُهُ حِفْظُهُمَا وَهُوَ الْعَلِيُّ الْعَظِيمُ » ...
صَدَقَ اللهُ الْعَظِيمُ

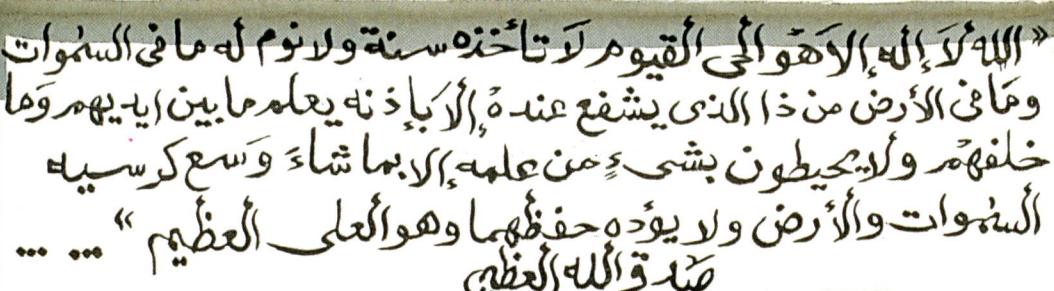

163
Alexandria. Die einst vorgelagerte und durch einen Damm mit der Stadt verbundene Insel Pharos ist heute mit dem West- und Osthafen zusammengewachsen. Auf den Fundamenten des berühmten, im 3. vorchristlichen Jahrhundert erbauten Leuchtturmes, der im 14. Jahrhundert einem Erdbeben zum Opfer fiel, ließ Sultan Quait Bey ein Fort errichten.

164
Alexandria (arabisch: El-Iskandarijja) wurde 331 v. Chr. von Alexander dem Großen gegründet. Ihm selbst war es nie vergönnt, seine Stadt zu sehen. Erst als Toter kehrte er nach Alexandria zurück und wurde hier bestattet. Die zweitgrößte Metropole und wichtigste Hafenstadt Ägyptens ist wesentlich europäischer geprägt als die Hauptstadt Kairo.

165
*Kairo. Bab en-Nasr oder
Siegestor am Nordostrand
der alten islamischen
Stadt El-Kahira – das am
besten erhaltene der drei
übriggebliebenen
Stadttore. Zu den im
11. Jahrhundert erbauten
Stadtbefestigungen
gehörten einstmals 60
Tore.*

166
Medinet el-Faijum. Moderne, den
mittelalterlichen Mameluckenmoscheen von
Kairo nachempfundene Moschee. Im
Vordergrund der Bahr el-Jusuf, der – via
Ibrahimiya-Kanal mit Nilwasser gespeist –
das Faijum in einen fruchtbaren Garten
verwandelte. Der Name «Joseph» (Jusuf) spielt
in Wirklichkeit auf Saladin, den großen
Herrscher des 12. Jahrhunderts an.
Vermutlich ließ er aber lediglich ein bereits
aus pharaonischer Zeit stammendes
Bewässerungssystem wieder instandsetzen.

167
Medinet el-Faijum, das Zentrum der grünen,
vom historischen Bewässerungssystem des
Bahr el-Jusuf (Josephskanal) durchzogene
Faijum-Senke. Im intensiv bewirtschafteten
Faijum leben mehr als zwei Millionen
Menschen.

168
Kairo. Die Mohammed-Ali-Moschee auf dem
Gelände der Zitadelle. Diese Moschee, ein
Wahrzeichen Kairos, wurde zwischen 1830
und 157 von einem türkischen Architekten
erbaut und ist der Yeni-Moschee in Istanbul
nachempfunden.

169
Alexandria. Abul-Abbas-Moschee, die größte
und schönste Moschee der Stadt. Sie wurde
Ende des 18. Jahrhunderts über dem Grab
eines angesehenen Gelehrten aus Mercia
(Spanien) erbaut, der im 13. Jahrhundert in
Alexandria gelebt hatte.

170
Blick auf Hurghada am Roten Meer. Im Laufe der letzten Jahre mauserte sich dieser Wüstenort zum Ferienparadies an diesem Küstenabschnitt. Korallenriffe und eine vielfältige Meeresfauna locken Taucher aus aller Herren Länder hierher. Von Kairo aus ist Hurghada mit dem Flugzeug zu erreichen.

171
Assuan. Am linken Nilufer gegenüber der Insel Elephantine steht das mächtige, festungsähnliche Mausoleum von Aga Khan III., dem sagenhaft reichen, 1957 verstorbenen Oberhaupt der schiitischen Glaubensrichtung der Ismaeliten. Auf seinen

Wunsch hin wurde das Grabmal aus Sandstein und rosafarbenem Granit an seinem Lieblingsplatz erbaut, von dem aus man einen herrlichen Blick hat.

172
Moschee in Assuan, der südlichsten Stadt Ägyptens und seit der Antike das Tor nach Nubien und Zentralafrika. Aus den Granitsteinbrüchen von Assuan schaffte man die Steinblöcke für einen Großteil der Monumentalbauten und -standbilder heran. Wenige Kilometer weiter südlich erhebt sich der 1971 eingeweihte, 110 Meter hohe und 3600 Meter breite Assuan-Hochdamm.

173
Kairo. Gläubige in der El-Muaijad-Moschee.
Von dem ursprünglichen, Anfang des
15. Jahrhunderts von einem
Mameluckenherrscher errichteten Bau ist nur
der mit edlen Materialien reich geschmückte
Gebetssaal übriggeblieben; besonders kostbar
ausgestattet ist die Kibla-Wand mit ihren
sieben Mihrabs (Gebetsnischen).

174
«Iß, was du für richtig erachtest, und trage, was andere für richtig erachten», lautet ein altes arabisches Sprichwort.

175
Die artesischen Brunnen kommen den Neuansiedlungen und Palmenplantagen des Oasengürtels zugute. Ziel des «New Valley»-Projektes ist die Vergrößerung der landwirtschaftlichen Nutzfläche in der Libyschen Wüste.

kann sich das Gesundheitswesen einschließlich Schwangerschaftsvorsorge, Mütterberatung und Kinderfürsorge durchaus sehen lassen. Um den Erfolg der mittlerweile zahlreichen Beratungsstellen für Familienplanung ist es hingegen schlecht bestellt. Nach wie vor verlangt es der männliche Stolz, mehrere Kinder zu zeugen, und ein Mann mit «nur» einem oder zwei Sprößlingen gilt als mehr oder minder impotent. Frauen wiederum betrachten häufige Schwangerschaften als eine Art Garantie für den Bestand ihrer Ehe in einem Lande, in dem die Scheidung einem Mann leicht gemacht wird und Kinderlosigkeit einem Schicksalsschlag gleicht.

Impfungen gegen die schlimmsten Krankheiten gehören heute fast schon zur Routine und können bei drohenden Epidemien zwangsweise angeordnet werden. Nach regierungsamtlichen Angaben sind Cholera, Pocken und Malaria ausgerottet, was aber – zumindest im Falle der Malaria – nicht ganz den Tatsachen entsprechen dürfte. Immerhin sind nach wie vor Plakate zu sehen, die vor dieser Infektion warnen. In den Städten ist neuerdings eine ganz andere Krankheit auf dem Vormarsch – Diabetes (Zuckerkrankheit). Auslöser hierfür ist möglicherweise ein überhöhter Zuckergenuß der Städter. Die Ägypter sind Naschkatzen; Süßspeisen lieben sie über alles, und wer in der Stadt lebt, hat reichlich Gelegenheit und meist auch das Geld, in dieser Beziehung über die Stränge zu schlagen. Als Folge einer allzu üppigen, kalorienreichen Kost, deren hoher Fettanteil sich in dem heißen Klima nicht so ohne weiteres verbrennen läßt, sind auch zunehmend Klagen über Leberbeschwerden zu hören.

Ägypten, geprägt von britischen, aber auch sozialistischen Einflüssen, ist praktisch ein Wohlfahrtsstaat. Einige Grundnahrungsmittel, darunter Brot, Reis, Trockenbohnen, Linsen und Speiseöl, werden vom Staat subventioniert. Die Preise für Obst und Gemüse stehen unter staatlicher Kontrolle und richten sich nach dem jeweiligen Ernteergebnis. Fleisch und andere Produkte gibt es zu erschwinglichen Preisen in Genossenschaftsläden; es ist dort in der Regel billiger als beim privaten Händler. Gleichfalls mit öffentlichen Geldern subventioniert werden die Fahrpreise im Nah- und Fernverkehr, und neben der bereits erwähnten Schulgeldfreiheit werden auch eventuell notwendige Schuluniformen an Schüler und Lehrer kostenlos abgegeben.

Haus und Wohnung

Seine vier Wände sind dem Ägypter heilig, und viele tun alles, um eines Tages ein eigenes Heim zu besitzen. Die liebevolle Sorgfalt, mit der man dieses dann einrichtet, ist von außen auf den ersten Blick oftmals nicht zu erkennen. Wie auch in anderen Mittelmeerländern zu beobachten ist, zeigt sich in Ägypten häufig ein scharfer Kontrast zwischen dem Äußeren und Inneren eines Hauses. Was der Passant im Vorbeigehen zu sehen bekommt, sind vielleicht ein halb verfallener Zaun, ein verwilderter Garten und eine heruntergekommene Fassade. Betritt er dann das Haus, stellt er überrascht fest, daß die Räume makellos sauber und gepflegt sind und mit den teuersten Möbeln ausgestattet wurden, die sich die Familie leisten konnte.

Die Mietwohnung der ägyptischen «Durchschnittsfamilie» hat üblicherweise ein Wohn- und ein Eßzimmer, zwei Schlafräume, Küche, Bad und einen oftmals geräumigen Flur; außerdem meist einen Balkon – ein beliebter Aufenthaltsort für laue Sommerabende. Bei der Einrichtung zieht man anstelle eines modernen Designs eigentlich noch immer den althergebrachten Stil vor – Sofas, Sessel und – wenn möglich – ein mit goldgefaßtem Schnitzwerk reich verzierter Tisch. Mitunter kann der Tourist in der Werkstatt eines Kairoer Möbeltischlers ein solches Stück sehen, das dort seines neuen stolzen Besitzers harrt. Die städtische Mittelschicht liebt Zierrat und Nippes – Figürchen und Vasen auf dem Sideboard und möglichst viele Bilder an den Wänden – und sie weiß den Segen der Haushaltstechnik zu schätzen. In kaum einer Küche fehlt der gerade in so heißen Breitengraden unentbehrliche Kühlschrank, und viele Haushalte besitzen Geschirrspüler und Waschmaschine und natürlich ein Fernsehgerät. Manche Wohnungen sind mit Klimaanlagen ausgestattet, die die sommerliche Hitze etwas erträglicher machen.

Derlei Luxus ist in ländlichen Gegenden natürlich weitgehend unbekannt, und was dem Städter seine Klimaanlage, ist dem Fellachen eine offene Tür, durch die allabend-

176

Aus der Vogelperspektive betrachtet – ein Dorf nahe bei Luxor in Oberägypten. Wie Puzzlesteinchen scharen sich verfallene, neue und halbfertige Behausungen um die Moschee, den Mittelpunkt der Ansiedlung.

lich vom Nil her eine angenehme Brise ins Haus weht. Ländliche Behausungen wirken im Vergleich zu manchem Stadthaus vom äußeren Eindruck her oftmals sauberer und weniger heruntergekommen, sind aber spartanischer eingerichtet. Ursprünglich baute man mit luftgetrockneten, ungebrannten Nilschlammziegeln, die am Flußufer von Hand geformt wurden. Heute ist zur Erhaltung und Schonung der Uferstreifen und der fruchtbaren Humusschicht des Nil-Tales die Verwendung von Fertigbacksteinen vorgeschrieben. Brennmaterial für den Winter sind getrocknete Baumwollbüsche, und zum Kochen wird das Feuer im Lehmofen mit getrockneten Fladen aus Kuhmist und Stroh in Gang gehalten. In den ganz schlichten Hütten dient eine Art Plattform, die durch den Raum läuft und unter der sich manchmal der Ofen befindet, als Sitzgelegenheit. In südlichen Regionen findet man tragbare Backöfen, die man zum Kochen und Backen vor die Tür stellen kann.

Sämtliche Ägypter, einerlei ob reich oder arm, Stadtmensch oder Bauer, haben ein gemeinsames Problem – den Staub. Er ist gewissermaßen allgegenwärtig, aber zu bestimmten Jahreszeiten dringt er buchstäblich durch jede Ritze und legt sich als hauchfeine Schicht über das Haus und alles, was darin ist. Sooft man ihn auch entfernt, und so dicht Fenster und Türen auch schließen mögen – der Staub ist einfach stärker.

Die Mieten werden staatlich kontrolliert und auf einem vernünftigen Niveau gehalten, sind aber bei Neubauten oftmals so hoch angesetzt, daß sie sich kaum jemand leisten kann. Überdies verlangt der Hausherr nicht selten eine beachtliche Kaution, und der Kaufpreis für eine Eigentumswohnung oder ein Haus übersteigt die finanziellen Möglichkeiten der meisten Ägypter meist bei weitem. Mittlerweile hat die Regierung helfend eingegriffen; für den erstmaligen Erwerb einer Eigentumswohnung bietet sie Hypotheken an, außerdem baut der Staat preiswerte Wohneinheiten, die ausschließlich Erstkäufern und jungen Familien angeboten werden. Bedauerlicherweise sind diese aber oft ziemlich schäbig und qualitativ minderwertig, und man kann nur hoffen, daß sich der Standard mit der Zeit heben wird. Immerhin ist Präsident Mubarak für seine engagierte und weitblickende Wohnbaupolitik bekannt. Inzwischen schießen rings um Kairo Trabantenstädte wie El-Sadat-City, Al-Salam-City, Stadt des 15. Mai und Stadt des 6. Oktober aus dem Boden, mit denen man der eklatanten Wohnungsnot beizukommen versucht.

Phantasievolle Projekte zur Wohnraumbeschaffung für weniger Begüterte laufen durchaus nicht immer nach Plan. Bereits vor der Revolution von 1952 entstand das Projekt Neu-Kurna, ein Muster-Dorf in «neo-ägyptischem» Stil. Nach ihrer Umsiedlung sollten die Einwohner des uralten Ortes Kurna in den Genuß einer umfassenden Infrastruktur kommen, mit Schulen, ärztlicher Versorgung und regem Gemeinschaftsleben. Durch die Kürzung öffentlicher Gelder zunächst ins Stocken geraten, wurde das Projekt dann abgewandelt, die ursprünglichen Vorstellungen im kleineren Rahmen verwirklicht. Immerhin aber gab es in dem neuen Dorf einen Ausstellungssaal, ein Gemeinschaftshaus und ein Theater sowie einen überdachten Marktplatz. Doch das eigentliche Problem bestand darin, daß niemand dort leben wollte. Die Einwohner von Kurna zogen es vor, an ihrem angestammten Ort zu bleiben, mit der Begründung, die roten Ziegelmauern der neuen Häuser würden sie nicht so gut gegen Hitze und Kälte abschirmen wie die Lehmziegelwände ihrer traditionellen Behausungen. So recht sie mit dieser Behauptung auch haben mochten – ihnen diente sie lediglich als Vorwand. Für ihre Weigerung hatten die Leute aus Kurna einen ganz anderen Grund. Seit Jahrhunderten bessern die Bewohner von West-Theben ihre Kasse nämlich durch Grabplünderungen auf. Wird ein Haus auf einem Grab errichtet, kann man dessen Bewohner nicht daran hindern, einen «Keller» auszuheben und Schätze, die sich dort womöglich finden, zu veräußern. Die Planer von Neu-Kurna wußten dies natürlich sehr wohl, doch die Dorfbewohner ließen sich von deren angeblicher Besorgnis um ihr Wohlergehen nicht verführen. Nichts und niemand konnte sie dazu bewegen, ihr Dorf zu verlassen und auf ihre lukrative, «traditionelle» Lebensweise zu verzichten.

Nach dem Neu-Kurna-Experiment gaben die Architekten ihre Träume von einer ansprechenden Architektur für die breite Allgemeinheit weitgehend auf. Nun bauen sie in dem phantasielosen, tristen Einheitsstil, den man aus den Ballungszentren der armen Länder in aller Welt kennt. In Kairo beherrscht ein Wirrwarr von konturlosen, nüch-

Wasser – seit eh und je ein unschätzbares Gut in Ägypten

ternen, teilweise halbfertigen Gebäuden das Bild der Innenstadt. Als sich Präsident Sadat daran machte, die Sowjets aus dem Lande zu werfen, stellten diese die Bauarbeiten an den von ihnen begonnenen Projekten augenblicklich ein, nicht ohne im einen oder anderen Fall wichtige Pläne, beispielsweise der gesamten Installationen, verschwinden zu lassen.

Vom mittelalterlichen Kairo ist wenig übriggeblieben, und die Stadt ist bis zum Bersten überlastet. Die Metropole erstickt im Verkehr, und nicht enden wollende Kolonnen verbeulter Fahrzeuge bahnen sich hupend und in schwarze Auspuffschwaden gehüllt ihren Weg durch Straßen und Gassen. Verkehrszeichen und -ampeln werden grundsätzlich ignoriert, und nicht selten muß sich der Fußgänger beim Überqueren der Fahrbahn zwischen den Autos durchquetschen oder über Stoßstangen klettern. Um die öffentlichen Transportmittel ist es kaum besser bestellt, und wo immer sie Halt finden, klammern sich Männer und Jugendliche an den hoffnungslos überfüllten Bussen auch von außen fest.

So löblich die Absichten der Regierung auch sein mögen – für eine derart rapide wachsende Bevölkerung ausreichend Wohnraum zu schaffen, ist eine kaum zu bewältigende Aufgabe. Von 46 Millionen im Jahre 1948 wird die Einwohnerzahl bis zum Jahre 2000 auf schätzungsweise 70 Millionen klettern. Buchstäblich überrollt von den Anforderungen des 20. Jahrhunderts, waren die ägyptischen Städte nicht imstande, die weniger wünschenswerten Erscheinungen des modernen Lebens unbeschadet zu verkraften. Dennoch haben sie sich etwas von ihrem ursprünglichen Charakter und auch vom Flair des 19. Jahrhunderts bewahrt.

Wirtschaft

Landwirtschaft und Industrie sind in Ägypten eng miteinander verzahnt und können deshalb als ein in sich geschlossener Wirtschaftsfaktor angesehen werden. Rohstoffe, einschließlich Erdöl und Eisenerz, werden weitgehend im Lande selbst weiterverarbeitet, und auch Wasser ist – aus nationalökonomischer Sicht – in Ägypten eine «Handelsware», deren Verteilung sorgsamer Planung und Überwachung bedarf.

Wichtigstes Agrarprodukt ist die in aller Welt für ihre ausgezeichnete Qualität berühmte ägyptische Baumwolle. Sie wird zweimal jährlich gepflückt, und dementsprechend unterscheidet man bei den Ernteerträgen zwischen Güteklasse eins und zwei. Sich wie grüne Teppiche zwischen den Palmen ausdehnend, bieten die zur Blütezeit leuchtend gelben Baumwollfelder einen herrlichen Anblick, doch die Arbeit ist hart. Die Pflanze laugt den Boden aus, und zur Sicherung zufriedenstellender Erträge sind Unmengen von Kunstdünger notwendig. Während der Herrschaft Mehmed Alis in Ägypten eingeführt, nimmt Baumwolle seit Errichtung des Delta-Staudammes nun etwa ein Viertel der landwirtschaftlichen Nutzfläche in der Delta-Region ein. Ursprünglich wurde die Rohbaumwolle exportiert und im Ausland weiterverarbeitet. Mit der Zeit wurde dieses Verfahren aber unwirtschaftlich, und als dann auch noch Spinnereien in Textilzentren wie Manchester ihre Tore schlossen, sah sich Ägypten zum Aufbau einer eigenen Baumwoll-Industrie genötigt. Das Verspinnen von Baumwolle erfordert bestimmte klimatische Voraussetzungen (wie das für diesen Zweck ideale feuchte Klima der englischen Landschaft Lancashire) und man begab sich auf die Suche nach einem geeigneten Standort. Experten einigten sich schließlich auf eine Region im Herzen des Deltas, wo sich dann die Stadt Mahalla aus bescheidensten Anfängen heraus zum Zentrum der ägyptischen Textilindustrie mauserte. Aus den Spinnereien und Webereien Mahallas kommt heute eine Vielfalt an Stoffen, einschließlich Kunstfasermaterialien, vor allem aber Baumwollgewebe – angefangen beim strapazierfähigen Köper bis hin zum duftigen Musselin.

Technisch sind die ägyptischen Fabriken verständlicherweise nicht immer auf dem neuesten Stand. Seit den ersten Ansätzen zur Industrialisierung im vergangenen Jahrhundert mußte sich das Land weitgehend mit den Maschinen begnügen, die die Europäer ausrangiert hatten. Viele Anlagen sind deshalb hoffnungslos veraltet und reparaturanfällig. Ungemein findig und geschickt haben sich ägyptische Mechaniker mittlerweile darauf spezialisiert, altersschwache Maschinen so lange wie möglich in Gang zu halten.

Rund 350 Fachschulen und Lehranstalten sorgen für die technische und kaufmännische Ausbildung der Einheimischen, können aber den Bedarf an Fachkräften nicht decken, und deshalb studieren viele junge Leute im Ausland.

Seit der Errichtung des Assuan-Staudammes benötigt das Land wesentlich mehr Kunstdünger, der mittlerweile in eigens dafür errichteten Fabriken produziert wird. Kunstdüngerfabriken, Baumwollspinnereien und auch Zuckerraffinerien sind für eine beängstigende Umweltverschmutzung verantwortlich und stellen außerdem für Arbeiter und Angestellte ein ernstzunehmendes Gesundheitsrisiko dar. Geschädigt und zerstört wird die Umwelt auch durch die Stahlindustrie; traurigstes Beispiel hierfür ist die Stadt Heluan, 20 km südlich von Kairo.

Jahrhundertelang war Heluan ein beliebter Erholungsort, und bereits 968 n. Chr. weilte der Statthalter Abd el-Aziz Ibn Marun hier zur «Kur». Im 19. Jahrhundert erbaute man ein Badehaus im maurischen Stil, dazu geräumige Hotels, ein Kasino, und sogar ein japanischer Garten wurde angelegt. Mit der Errichtung eines gewaltigen Stahlwerkes in den fünfziger Jahren legten sich dann Schatten über diese Idylle, und seitdem beherrschen Eisenhütten und Industrieanlagen das Bild der Stadt. Heute wird das Badehaus von teilweise nicht einmal fertiggestellten, hochragenden Wohnsilos aus eintönig grauem Beton eingepfercht, und vor einem Hintergrund aus Schornsteinen, die gigantische Rauchwolken ausspeien, türmen sich die Abraumhalden.

Zunächst kam aus Heluan vorwiegend Armierungseisen für den Stahlbetonbau. Mittlerweile hat man die Produktionspalette erweitert, und nun werden hier auch technische Konsumgüter und Autoersatzteile hergestellt. Nil-Barken bringen Eisenerz aus Assuan, und Mangan, Zink, Kupfer und Blei werden aus der Libyschen und Arabischen Wüste herangeschafft. Kohle, der ursprünglich in der Industrie verwendete Brennstoff, wurde nach Fertigstellung des Assuan-Staudammes von Strom abgelöst; inzwischen wurde erneut umgestellt – diesmal auf Erdgas, das via Pipeline von den Ölfeldern kommt.

Erst teilweise entwickelt ist die Erdölindustrie des Landes. Hauptförderorte sind die Libysche Wüste, die Halbinsel Sinai und allen voran der Golf von Suez mit 90 Prozent der derzeitigen Gesamtförderung. Die Exportzahlen bewegen sich nach oben: 1975 war Erdöl mit zehn Prozent am Gesamtexport beteiligt, 1986 machte es bereits über die Hälfte aus. Am wenigsten ergiebig sind die von den Israelis während der Besatzung auf dem Sinai erschlossenen Ölquellen; Anlaß zu großen Hoffnungen geben hingegen die in

Musikanten (Edward Lane, 1860)

ihrem Umfang noch nicht gänzlich erforschten Gebiete in der Libyschen Wüste. Vor der Küste im Golf von Suez stieß man auf reiche Vorkommen, an deren Förderung sich große Mineralölkonzerne, darunter Mobil und Esso, beteiligen. 1967 wurde die Gupco gegründet, ein Joint-Venture-Unternehmen der Pan American Oil und des Staates Ägypten, sowie die Suez-Öl-Gesellschaft Suco, ein ähnliches Unternehmen. Suco pumpt mittlerweile rund 30 000 Barrels (1 Barrel = 159 l) täglich an die Oberfläche.

Das Leben auf der Bohrinsel ist eintönig, der Job aber gut bezahlt. Von ihrer Struktur her ist die ägyptische Erdölindustrie auf die Wahrung nationaler Interessen ausgerichtet. Auf den Bohrinseln sind deshalb vorwiegend Ägypter beschäftigt, die Profite unterliegen strengen Kontrollen und ausländische Gesellschaften sind mit maximal 25 bis 30 Prozent daran beteiligt; der Rest fließt in die ägyptische Staatskasse. Überall im Lande sind ausländische Investitionen gerne gesehen, solange sie der einheimischen Wirtschaft tatsächlich zugute kommen.

Als notwendig erwies sich eine durchgreifende Wirtschaftsplanung. Die Regierung bemüht sich redlich, den Staatshaushalt in Ordnung zu halten und läßt sich dabei von internationalen Finanzexperten beraten. Man kontrolliert die Importe, sorgt für eine kluge Verteilung von Auslandshilfen und macht zumindest den Versuch, die Steuerhinterziehung in den Griff zu bekommen. Zur gleichmäßigeren Auslastung des Arbeitsmarktes ging man mittlerweile dazu über, die Industrie zu denzentralisieren; so siedeln nun Betriebe in Städten aller Landesteile an.

Ein weiteres Anliegen der Regierung sind Verbesserungen auf dem Agrarsektor. Im Auftrag des Landwirtschaftsministeriums reisen Agrarexperten über Land und klären die Einheimischen über die Anwendung von Kunstdünger und Pestizide auf und informieren über Anbausorten und -methoden. Mit Darlehen für Bodenverbesserungsmaßnahmen greift die öffentliche Landwirtschaftsbank, eine Abteilung der Zentralbank von Ägypten, den Bauern unter die Arme, die – nach wie vor Fellachen genannt – das ihnen unter dem Nasser-Regime zugeteilte Land bewirtschaften. Die Tage der Großgrundbesitzer sind vorüber. Im Gegensatz zum Landeigentümer früherer Zeiten, der sich oftmals im Ausland aufhielt, bleibt der «Mittelstands»-Bauer, der über mehr Boden verfügt als das Gros der Fellachen, zu Hause und bestellt sein Land selbst.

Neben Baumwolle wird noch allerlei anderes angebaut, beispielsweise die als Futterpflanze und natürlicher Bodendünger gleichermaßen geschätzte Luzerne *(Berseem)*. Hauptanbauprodukt im Faijum ist Reis, der aber auch – neben Mais – in Teilen der

Delta-Region gedeiht. In Oberägypten, wo Kulturboden knapper ist, ernähren sich die Einheimischen vorwiegend von der dort angebauten Rispen- und Mohrenhirse. Zuckerrohr ist ein wichtiges Agrarerzeugnis aus dem Becken von Theben; es wird in der Regel im Februar geschnitten. An der Nordküste gedeihen Weintrauben und Feigen, in der Faijum-Senke Oliven und im Umkreis von Kairo Zitrusfrüchte. Gemüse wird fast überall angebaut, vor allem aber in den Einzugsgebieten der Städte.

Nach wie vor wird die Neugewinnung von Kulturboden vorangetrieben, und aus dem einst trockenen Wüstenstreifen entlang der Straße zwischen Kairo und Alexandria sind mittlerweile fruchtbare grüne Felder geworden. Dank des Salhiya-Projektes hat sich auch die Wüste westlich des Suez-Kanals in einen «Garten» verwandelt, und die im Rahmen des «New Valley»-Projektes geschaffenen Bewässerungskanäle versorgen die Oasenkette in der Libyschen Wüste aus artestischen Brunnen. Wasser ist das Lebenselexier Ägyptens; es muß in nahezu sämtlichen volkswirtschaftlichen Überlegungen miteinkalkuliert werden und deckt zudem den überwiegenden Energiebedarf des Landes. Für die Landwirtschaft stehen alljährlich rund 88 Millionen Kubikmeter Nil-Wasser zur Verfügung, die sich Ägypten aber mit dem benachbarten Sudan teilen muß. Zur Sicherung der beiderseitigen Interessen sind die jedem Land zustehenden Mengen vertraglich exakt festgelegt.

Kultur und Freizeit

Das kulturelle Leben Ägyptens ist ungemein lebendig, wenn es auch außerhalb der Grenzen der arabischen Welt weithin unbekannt ist. 1956 rief die Regierung ein Gremium mit dem etwas hochtrabenden Namen «Höherer Rat zur Förderung von Kunst, Literatur und Wissenschaften» ins Leben, das die kulturelle Entwicklung merklich beeinflußte. Kunstsinnige junge Menschen können an der Fakultät der Schönen Künste in Kairo studieren, und in der zeitgenössischen Kunstszene zeigt sich eine wohltuende Vielfalt. Inji Aflatun ist ein bekannter Landschaftsmaler, Ahmed Rashidi porträtiert mit Vorliebe das Landvolk, und bevorzugtes Sujet in Salah Tahers beliebten romantischen Kompositionen ist der Nil. Auf den lebendigen, zumeist in Rot und Orange gehaltenen Wandmalereien Ahmed Rifaats sind immer wieder Pferde und Boote zu sehen. Als Vater der modernen ägyptischen Bildhauerei gilt Mokhtar, dessen Skulpturen die Straßen und Parks von Kairo schmücken.

Die Entwicklung der ägyptischen Literatur war nicht zuletzt dem aufstrebenden Journalismus zu verdanken. Im Gegensatz zu den meisten Ländern, in denen der Journalismus gewissermaßen das an der Oberfläche treibende Element des literarischen Schaffens darstellt, trug er in Ägypten zur Hebung des Niveaus bei, zur Entstehung einer modernen Form der arabischen Sprache, die eine Artikulierung zeitgenössischen Gedankengutes ermöglichte. Seither ist der Journalismus Dreh- und Angelpunkt des intellektuellen und literarischen Lebens im Lande. 1960 wurde das gesamte Zeitungswesen verstaatlicht und damit wurde die Presse zum offiziellen Organ. Zu den seither führenden Blättern zählen *El-Ahram* («Die Pyramiden»), *El-Akhbar* («Nachrichten») und *El-Gumhuriya* («Die Republik»).

Bekanntester zeitgenössischer Romancier ist Nagib Mahfus aus Kairo, ein Vertreter jenes modernen Realismus, der die ägyptische Gesellschaft kompromißlos ins Visier nimmt. 1988 wurde Mahfus mit dem Nobelpreis für Literatur geehrt und seither sind seine Werke einem breiteren Publikum bekannt. Bis in die vierziger Jahre hinein waren in Ägypten überhaupt keine Romane erschienen, und sie bilden auch heute trotz bekannter Namen wie Ibrahim al-Manzini und Abd al-Rahman al-Sharqawi nicht das Kernstück literarischen Schaffens. Kurzgeschichten kannte man bereits früher, und die Erzählungen Mohammed Taymurs, die etwa zur Zeit des Ersten Weltkrieges entstanden und einen gewissen russischen Einfluß erkennen lassen, stellten die Vorhut dieses Genres in arabischer Sprache dar.

Anders als die Prosadichtung dürfte die Lyrik in der arabischen Tradition tiefer verwurzelt sein. Eine Renaissance der ägyptischen Dichtkunst setzte mit Sami Pasha al-Barudi ein, der 1882 kurzzeitig das Amt des Premierministers bekleidete. In seinen literarischen Bemühungen hatte Barudi offensichtlich eine glücklichere Hand. Von den Ab-

Frau bei der Arbeit am Menseng – einem Stickrahmen (Edward Lane, 1860)

basiden-Dichtern des 8. bis 13. Jahrhunderts inspiriert, wurde er später selbst zur Quelle der Inspiration für andere Dichter, wie Ismail Sabri, Ahmad Shawqi und Hafiz Ibrahim. Ahmad Shawqi fand zu einem ganz eigenen Stil – einer Art episch breiter Poesie mit dramatischem Einschlag. Sein Einfluß zeigt sich später in Filmen, Bühnenwerken und Operetten. Einige seiner Dichtungen wurden zum Ausgangspunkt für Musicals, darunter *Tod der Kleopatra* und *Die Prinzessin von Andalusien.* Nach und nach wich die zu Beginn des Jahrhunderts herrschende Vorliebe für Lyrik und Romantik dem Verlangen nach einer zeitgemäßen Literatur, die sich aktuellen Fragen der Gesellschaft zuwandte. Herausragende Figuren dieser realistischen Strömung sind heute Salah Abd al-Sabur und Ahmad Hijazi.

Mit dem Wiederaufleben islamisch-orthodoxer Strenggläubigkeit scheint nun aber die künstlerische Meinungsfreiheit erneut bedroht. Ein Roman des Nobelpreisträgers Mahfus steht heute auf der Verbotsliste, und vor kurzem wurde der Autor Alaa Hamed als «ägyptischer Salman Rushdie» gebrandmarkt und aufgrund einer Erzählung über das islamische Paradies zu acht Jahren Gefängnis verurteilt. Sein Verleger wurde mit einer Geldstrafe belegt, und ägyptischen Zeitungsberichten vom Dezember 1991 zufolge erhielten beide Männer Morddrohungen.

Schauspiel und Theater etablierten sich in Ägypten im Laufe des 19. Jahrhunderts. Zunächst gelangten nur Übersetzungen französischer Bühnenstücke zur Aufführung, später gewannen dann die Werke einheimischer Dramatiker zunehmend an Beliebtheit. Zu den Bühnenautoren von heute zählen unter anderem Yusuf Idris und Nu'man Ashur. Inszenierungen ausländischer Werke sind auf ägyptischen Bühnen allerdings nach wie vor zu sehen, und Shakespeare entwickelte sich gewissermaßen zum «Dauerbrenner». Neben dem Drama kommt auch die Komödie nicht zu kurz und zieht immer wieder ein breites Publikum an. Die Schauspieler gehören entweder einem festen Ensemble an, wie es beispielsweise das Ägyptische Nationaltheater hat, oder schließen sich zu Gastspieltruppen zusammen. Aufstrebende Amateur-Theatergruppen können hin und wieder mit staatlichen Zuschüssen rechnen.

Noch populärer als das Theater ist der Film in Ägypten. Kairo ist die Film- und Video-Metropole der arabischen Welt, und seit 1976 richtet Ägypten alljährlich ein internationales Filmfestival aus. Von den einheimischen Filmstars haben allerdings bisher nur wenige über die Grenzen ihres Heimatlandes hinaus Berühmtheit erlangt; international am bekanntesten dürfte der Name Omar Sharif sein. Besondere Popularität beim Publikum genießen die Schauspieler Souad Hosny, Mervat Amin und Naglaa Fathy sowie deren männliche Kollegen Nour Sherif, Hussein Fahmy, Mahmoud Yassin und Ahmed Falki. Filmemachen hat in Ägypten bereits Tradition. Der erste Spielfilm entstand

177

Von überheblichen Ausländern werden sie nicht selten als Leute abgetan, denen es an einer tieferen Beziehung zu ihrer pharaonischen Vergangenheit fehlt. Doch die Ägypter sind getreue Hüter des kulturellen Erbes ihrer Vorfahren. Stolz auf ihre Geschichte, wissen die Wächter der Tempel und Pyramiden oftmals wesentlich mehr über die ihnen anvertrauten Altertümer als mancher Gelehrte.

178

Der el-Bahri, Theben-West. Als erster Pharao ließ Mentuhotep II., Herrscher des Mittleren Reiches, um 2000 v. Chr. hier einen Totentempel errichten. Weit besser erhalten geblieben ist der etwa 550 Jahre später erbaute Tempel der Königin Hatschepsut. Generationen von Grabräubern, Antiquitätensammlern und Archäologen erforschten und durchstöberten das Areal, gruben es buchstäblich um und kehrten das Unterste zu oberst.

179

Der el-Bahri, Theben-West. Der große Totentempel der Königin Hatschepsut; daneben die Ruinen des älteren Tempels Mentuhoteps II. Hatschepsuts imposanter Kultbau erinnert in gebührender Weise an die erste bekannte Herrscherin der Geschichte.

im Jahre 1935, und von 1945 bis 1952 hatte die einheimische Filmproduktion Hochkonjunktur. Im Vergleich zu westlichen Leinwandstreifen ist der ägyptische Film etwas betulicher; das Publikum liebt Handlungsabläufe in epischer Breite und schwelgt in Kostümen und Szenerien.

In nahezu jedem Land der Welt hat sich das Fernsehen einen festen Platz erobert, und Ägypten bildet hier keine Ausnahme. 1960 nahmen die ersten TV-Stationen ihren Betrieb auf, und mittlerweile ist dieses Medium auch am Nil allgegenwärtig – in der bescheidenen Lehmhütte auf dem Lande ebenso wie in der gepflegten Stadtwohnung. Gespannt verfolgen die Zuschauer das Geschehen auf der Mattscheibe – sei es nun die 1989 entstandene heitere Seifenoper *Die weiße Flagge,* eine einheimische Produktion, oder eine der sich epidemieartig ausbreitenden Serien aus Europa und Amerika. Sportreportagen fehlen ebenso wenig im Programm wie schier endlose Berichte, die den Präsidenten bei der gewissenhaften Erfüllung seiner Amtspflichten zeigen.

In der Musik Ägyptens klingen vielerlei Einflüsse an. Ihre Ursprünge sind vor allem orientalisch, und in ihrer klassischen arabischen Form wird sie am Kairoer Institut für Orientalische Musik gelehrt. Tief verwurzelt ist auch die Tradition des Volksliedes, das bis heute nichts an Popularität verloren hat und so manchem Sänger zu einem bekannten Namen verhalf. Berühmteste Interpretin dieses Genres war die in den achtziger Jahren verstorbene Sängerin Om Kalsoum. Klassischer Musik westlicher Prägung gegenüber zeigt man sich gleichfalls aufgeschlossen; sie wird an den Konservatorien unterrichtet und ist regelmäßig in Konzerten zu hören. Im Laufe der Zeit kristallisierte sich noch eine reizvolle Mischung aus arabischen und abendländischen Klängen heraus, die sogenannte franko-arabische Musik.

Spektakulären Einzug in Ägypten hielt vor über 100 Jahren die klassische Oper. Anläßlich der Eröffnung des Suez-Kanals fand bei den Großen Pyramiden die Erstaufführung von Verdis *Aida* statt, und in Kairo hatte man zur Feier dieses Ereignisses ein Opernhaus erbaut. 1971 fiel das Gebäude einem Brand zum Opfer, aber derzeit entsteht auf der Nil-Insel El-Gezira ein neues Opernhaus.

Tanzen hat in Ägypten gleichfalls Tradition – zum einen durch die altüberlieferten Volkstänze, zum anderen durch westliche Tanzformen, wie beispielsweise klassisches Ballett. Der Bauchtanz *(Raqs sharqi)* erlebt derzeit eine Art Renaissance und hat weit über die Landesgrenzen hinaus enorm an Popularität gewonnen. In seiner ursprünglichen Form ist dieser Frauentanz ausgesprochen eindrucksvoll und ästhetisch und hat nicht das geringste mit den aufreizenden, vulgären Darbietungen in Nachtlokalen zu tun.

Lieblingssport der Ägypter ist der Fußball, und während der Übertragung der interessantesten Partien am Freitag sitzt alles gespannt vor dem Fernsehgerät. Bei einer Begegnung der Spitzenvereine «Ahli» und «Zamalek» sind die Straßen Kairos wie leergefegt. Fußball wird überall gespielt, und jedes Dorf und jede Schule hat eine eigene Mannschaft. Seit Jahren ist auch der Schwimmsport ungemein beliebt. Langstreckenschwimmer trainieren nach wie vor im Nil, und man kann nur hoffen, daß sie dabei kein Wasser schlucken! Bei internationalen Schwimmwettbewerben schneiden die ägyptischen Teilnehmer gut ab, und dasselbe gilt für Tennis, eine Sportart, die neuerdings zunehmend an Boden gewinnt.

Für das Land am Nil hält das 20. Jahrhundert eine Fülle von Chancen und Herausforderungen bereit. Dieser kurze Abriß über das moderne Ägypten läßt erkennen, in welchem Maße das Land diese Chancen genutzt und die Herausforderungen angenommen hat. Eine solche Entwicklung bringt natürlich auch Probleme mit sich – angefangen bei der unumschränkten Herrschaft des Autos über massive Luftverschmutzung mit den damit verknüpften schädlichen Auswirkungen auf Gesundheit, Umwelt und Kulturdenkmäler. Eines jedoch hat Ägypten offenkundig aus der Vergangenheit gelernt – seine nationalen Interessen zu wahren und einheimische Talente zu fördern. Dieses Land hält seine Tore zur Welt weiterhin geöffnet; dahinter aber ist eine inzwischen eigenständige, selbstbewußte und starke Nation zu erkennen.

180

Theben-West. Totentempel Ramses' II., des «Großen». Kaum mehr als ein steinernes Gerippe, beeindruckt die imposante Ruine aber dennoch durch die Monumentalität der einstigen Tempelanlage. Champollion gab ihr den Namen «Ramesseum». Im Hintergrund der Hügel Kurnet Murai mit den Behausungen der Alabasterschneider und Grabräuber.

181

Nahe beim Ramesseum gelegen, wuchs das Dorf Schech Abd el-Kurna rund um die für ihre bemerkenswerten Wandmalereien bekannten Gräber der hohen Regierungsbeamten aus dem Boden. Das Ramesseum war nicht nur Totentempel, sondern auch eine dem Gott Amun geweihte Kultstätte. Zu Zeiten des Dichters Shelley galt es als das Grab des Ozymandias (User-Maat), wie Ramses II. auch genannt wurde.

182

Das steinerne Haupt des «Ozymandias» in den Trümmern des Ramesseums in Theben-West. Aus dem Gesichtsausdruck des nasen- und bartlosen Ramses II. spricht die Gewißheit, daß er in unauslöschlicher Erinnerung bleiben wird.

183

Der Tempel von Luxor – erbaut in der 18. Dynastie von Amenophis III., und von Ramses II. während der 19. Dynastie erweitert. Den imposanten Eingangspylon flankieren Kolossalstatuen Ramses II. sowie einer von ursprünglich zwei Obelisken, die er aufstellen ließ. Der zweite Obelisk ging im Jahre 1836 als Geschenk nach Paris und steht heute auf der Place de la Concorde.

184
Karnak. Kolonnade und Sphingen im ersten
Hof des Amun-Tempels, dem größten
Tempelhof Ägyptens. Beim Bau dieses Hofes
während der 22. Dynastie wurden zwei
kleinere, ursprünglich vor dem
Tempeleingang befindliche Heiligtümer in
den Tempelbezirk mit einbezogen.

185
Karnak, Amun-Tempel. Im Hof westlich des
zweiten Pylons blickt der Besucher
ehrfurchtsvoll zur Kolossalfigur des Pinodjem,
eines Hohenpriesters von Amun-Re aus der
21. Dynastie, empor.

186
Der el-Bahri, Theben-West. Blick auf den
Totentempel der Königin Hatschepsut.
Gekonnt – vielleicht sogar zu gekonnt – von
osteuropäischen Archäologenteams
restauriert, sieht man ihm sein Alter nicht an.
Der blendend weiße, feine Kalkstein der
Säulenhalle hebt sich scharf gegen das Rot der
Felsabstürze ab, hinter denen das Tal der
Könige liegt.

187
Luxor. Das herabgestürzte Haupt einer der
vier Kolossalfiguren von Ramses II. Im
Antlitz des Pharao spiegeln sich Trotz und
Selbstsicherheit wider – er wird alle seine
Feinde und selbst die dahinflüchtende Zeit
überdauern.

188
Karnak. Widderköpfiger Sphinx aus der vom
Nilufer zum ersten Pylon des Tempels
führenden Sphingenallee. Das niemals
vollendete Tor ist der jüngste Teil der großen
Tempelanlage, an der man bis in die 30.
Dynastie hinein weiterbaute.

Reisende im Land der Pharaonen

Die ersten Besucher

Bereits in vorchristlicher Zeit standen Reisende ehrfurchtsvoll vor den Sehenswürdigkeiten Ägyptens, und so manchem diente ein Stein als Gästebuch, in das er seine Eindrücke einritzte. Auf dem Zeh des Sphinx findet sich ein in Altgriechisch abgefaßter Vers über die Vergänglichkeit des Lebens, und in der Inschrift einer Dame aus Rom bei den Großen Pyramiden heißt es wehmutsvoll: «Ich erblickte die großen Pyramiden ohne dich und voller Trauer vergoß ich hier Tränen.» Selbst die alten Ägypter kritzelten Bemerkungen in Stein, z.B. an das Totenhaus eines vornehmen Mannes in Sakkara, und taten ihre Bewunderung für die Bauwerke ihrer noch älteren Vorfahren kund. Krieger, Monarchen und Gelehrte, darunter Herodot, Strabo und Kaiser Hadrian – sie alle kamen hierher, um die Wunderwerke zu bestaunen.

Nicht alles, was sie zu Gesicht bekamen, blieb bis in unsere Tage erhalten. Das Labyrinth von Hawara beispielsweise, eine der Hauptattraktionen für die Reisenden aus Rom, war als Totentempel für Amenemhet III. erbaut worden. Dieses von einer Pyramide überragte verwirrende Labyrinth aus Sälen und Säulen wurde nach und nach abgetragen und zerstört, und heute zeugen nur noch wenige, bruchstückhafte Konturen von der einstigen Pracht. Vieles, was wir über das Leben der alten Ägypter wissen, über ihre heiligen Rituale sowie die Konstruktion und das Aussehen ihrer Bauwerke, die längst zu Schutt zerfallen sind, trugen die Historiker aus den Schilderungen jener ersten Reisenden, insbesondere aus den Berichten Herodots, zusammen.

Nach dem klassischen Altertum waren bis zum Ende des 18. Jahrhunderts nur noch wenige Reisende in Ägypten zu sehen. Die einzigen Menschen, die das Land in dieser Zeit durchstreiften, waren Nomaden oder hin und wieder ein Kaufmann oder Pilger aus Europa. Allmählich aber erkannte man, daß es hier eine Fülle von Schätzen zu erbeuten gab. Anfangs brachte man den einen oder anderen Papyrus oder eine Mumie als Kuriosum mit nach Hause, doch dann bliesen passionierte Sammler zur Jagd. Manche Kostbarkeit aus Ägypten landete als Zeichen der Ehrerbietung in fremden Händen, z.B. der Schatzfund, den König Ludwig XIV. von Frankreich von seinem Konsul Benoit de Maille in Empfang nahm. Aus der Fülle von Beutestücken, die man im Laufe des 18. Jahrhunderts nach Europa schleppte, entstanden mit der Zeit ansehnliche Sammlungen, die heute in den Museen von Turin und Leiden, im British Museum, London und im Pariser Louvre zu bewundern sind.

Erst nach Napoleons Invasion in Ägypten wurde das Land ein Mekka für Kulturreisende. Während der kurzen französischen Besatzung hatten die Experten, die mit Napoleon ins Land gekommen waren, mit umfangreichen Forschungsarbeiten begonnen. Dutzende von Geographen, Geologen und Botanikern, Altertumsforschern, Architekten und anderen Fachleuten schwärmten in das Delta und ins Nil-Tal aus; man sah sich um, grub, entzifferte und nahm Vermessungen vor. Mit der Veröffentlichung ihrer Entdeckungen rückte Ägypten wieder in den Blickpunkt der westlichen Welt. Die Berichte beflügelten die Phantasie der Briten und Franzosen, aber auch die der Amerikaner. Von nun an zog Ägypten über eineinhalb Jahrhunderte lang nicht nur den wißbegierigen Bildungsreisenden an, sondern auch Künstler und Schriftsteller, darunter so bekannte Leute wie Gustave Flaubert, Edward Lear, Sir Arthur Conan-Doyle und Rudyard Kipling, Vita Sackville-West und William Golding.

1849 machte sich Flaubert zu seinem «orientalischen» Abenteuer auf – zu einer Reise durch Ägypten und andere Länder des Mittleren Ostens. Er war 28 Jahre alt, hatte seine berühmte *Madame Bovary* noch nicht geschrieben und wirkte ein wenig wie der Held aus einem Abenteuerroman – groß, blond und angetrieben von einer Leidenschaft für das Exotische, das er in den Werken Byrons, Victor Hugos und in den Geschichten der «Arabischen Nächte» kennengelernt hatte. Die rauhe Wirklichkeit der ägyptischen Wüste empfand er dann allerdings weniger romantisch. Zwei Tage lang sprach sein guter Freund und Reisegefährte Maxime du Camp kein Wort mit Flaubert, nachdem dieser während ihrer von Hitze und Durst geprägten Expedition unentwegt nach eisgekühlter Zitronenlimonade lechzte. Seine Reise inspirierte Flaubert später zu mehreren, an Schauplätzen des Mittleren Ostens spielenden Romanen, und auch sein Briefwechsel aus dieser Zeit ist eine abwechslungsreiche Lektüre.

189
Granitstandbild des Pinodjem, Hohepriester des Amun-Re, im Großen Amun-Tempel von Karnak. Zu, oder besser gesagt auf seinen Füßen steht seine Gemahlin – ein weit geringeres Wesen und dementsprechend auch sehr viel kleiner als er.

Entwicklung der Archäologie

Archäologie ist eine vergleichsweise junge Wissenschaft. Erst im vergangenen Jahrhundert begann man, sich präziser Techniken zu bedienen und bei den Ausgrabungen gezielt und methodisch vorzugehen, anstatt planlos nach Schätzen zu buddeln. Mit dem britischen Archäologen William Flinders Petrie machte sich 1880 in Ägypten erstmals ein wirklicher Experte ans Werk. Napoleons Leute waren natürlich dem damaligen Wissensstand entsprechend vorgegangen, und ihre Arbeit hatte dazu beigetragen, das Geheimnis der Hieroglyphen zu lüften, deren Entzifferung bis dahin noch nicht gelungen war. Bei ihren Erkundungen im Deltagebiet hatten sie 1799 einen schwarzen, in drei Sprachen beschrifteten Stein gefunden, dessen Text in Hieroglyphen, in demotischem Ägyptisch (eine vereinfachte altägyptische Schrift) und in Griechisch abgefaßt war. Hier lag nun der lange gesuchte Schlüssel, und in Verbindung mit der Arbeit des französischen Aristokraten und Ägyptologen Jean-François Champollion gelang eine vollständige Erfassung der ägyptischen Sprache. Heute befindet sich dieser sogenannte Rosette-Stein im British Museum: ein historischer Meilenstein und Zeuge längst vergangener Zeiten gleichermaßen.

Petrie erkundete zahlreiche Stätten, einschließlich der Pyramiden von Hawara und Illahun, und führte über seine Entdeckungen gewissenhaft Buch. Seine Arbeit inspirierte andere Archäologen, die in den friedlichen Tagen vor Ausbruch des Ersten Weltkrieges scharenweise nach Ägypten pilgerten. Sie stellten das Land buchstäblich auf den Kopf; man legte historische Stätten frei, zeichnete und restaurierte Bauwerke und Denkmäler und trug nach und nach ein Bild von Ägypten zusammen, das nun vielleicht weniger romantisch ausfiel, dafür aber der Wahrheit umso näher kam. Vorangegangene Generationen hatten sich zur Deutung der antiken Wunderwerke weniger ihres Forschergeistes als vielmehr ihrer Phantasie bedient. Francesco Frescobaldi beispielsweise hielt im 14. Jahrhundert die Pyramiden für die Kornkammern Josephs.

Anfang des 20. Jahrhunderts fehlte es den archäologischen Untersuchungsverfahren noch an Exaktheit. Datierungen wurden zu früh angesetzt, und auch über die Zeitspannen der Dynastien und Regierungszeiten der Pharaonen war man sich nicht ganz im klaren. Mit der Entwicklung neuer Verfahren, beispielsweise der Radiokarbonmethode (Altersbestimmung durch das radioaktive Kohlenstoff-Isotop C14) war es möglich, ein präziseres und umfangreicheres Bild der ägyptischen Geschichte zu gewinnen. Weitere bedeutsame Entdeckungen trugen das ihre dazu bei. Spektakulärstes Ereignis war die Öffnung der Grabkammer Tutanchamuns im Jahre 1922 mit ihrer atemberaubenden Fülle kostbarer Grabbeigaben. Ein weiteres aufsehenerregendes Projekt zur Bewahrung altägyptischer Kulturdenkmäler war die Umsetzung der großen Tempel und Kolossalstatuen von Abu Simbel, die nach der Fertigstellung des Assuan-Staudammes in den Fluten des Nils versunken wären. Dank ausgeklügelter technischer Verfahren, zu denen neben der Errichtung von Stützsystemen und Stahlverstrebungen auch das Einspritzen von Harzen gehörten, gelang es, die Tempelanlagen 180 Meter von ihrem ursprünglichen Standort entfernt wieder aufzubauen.

Der Rosette-Stein – Schlüssel zur Entzifferung ägyptischer Hieroglyphen

Reisende und Touristen von heute

Das «Ägyptenprogramm», für das sich der wohlsituierte, von Alltagspflichten freie Reisende des 19. Jahrhunderts oftmals den ganzen Winter über Zeit nahm, wird für den Touristen von heute in eine oder zwei Wochen «hineingepackt». In dieser Zeit kann er aber doch sehr viel sehen. Auf zahlreichen Besichtigungstouren ist ein überaus sachkundiger Fremdenführer mit von der Partie, und nachdem sich die Kulturstätten am Nil entlang wie Perlen an einer Kette reihen, sind die bedeutendsten Sehenswürdigkeiten ohne Umwege per Bus, Eisenbahn oder Boot zu erreichen. Im Rahmen dieses Kapitels können die wichtigsten historischen Stätten kaum mehr als gestreift werden, und wer immer die Absicht hegt, nach Ägypten zu reisen, tut gut daran, zuvor einen der zahlreichen ausgezeichneten Reise- und Kunstführer zur Hand zu nehmen.

Die Ägypter sind ein warmherziges, gastfreundliches und geduldiges Volk. Straßenhändler versuchen zwar hartnäckig, dem Touristen ihre Waren aufzuschwatzen, und

Kinder bemühen sich ebenso beharrlich um *Bakschisch,* doch das Ganze wirkt eher scherzhaft und artet niemals aus. Viele Einheimische bieten ihre Dienste als Führer an, und davon Gebrauch zu machen, kann sich in doppelter Hinsicht lohnen. Zum einen ist das «Honorar» nach westlichen Maßstäben bescheiden, zum anderen wird man mitunter an Orte geführt, die man normalerweise nie zu Gesicht bekommen würde – einschließlich Tempel, die für die Öffentlichkeit nicht zugänglich sind.

Berühmte Sehenswürdigkeiten

Für die meisten Menschen ist das Wort Ägypten gewissermaßen zum Synonym für die Großen Pyramiden von Giseh geworden. Zwar sind sie die berühmtesten Monumentalbauten ihrer Art, keineswegs aber die einzigen, die es in diesem Land zu sehen gibt. Mehr oder minder gut erhaltene Pyramiden finden sich an vielen Orten, beispielsweise in Sakkara, wo sich die berühmte Stufenpyramide (Stufenmastaba) erhebt, in Lischt, Abu Roasch und Medum, dem Standort der ältesten bekannten Pyramide Ägyptens. Erbaut wurden die Pyramiden von Giseh um 2500 v. Chr. als Grabstätten der Pharaonen der 4. Dynastie. Mit 140 Metern ist die Cheops-Pyramide der höchste dieser Grabbauten, gefolgt von den Pyramiden des Chephren und Mykerinos. Innerhalb der Anlage von Giseh wacht seit Jahrtausenden der Große Sphinx, jene geheimnisvolle Monumentalskulptur aus Sandstein, deren Alter und Herkunft den Archäologen noch heute Rätsel aufgibt. Giseh – mittlerweile fast Teil der Metropole Kairo und alles andere als reinlich und unberührt – gleicht keineswegs jenem friedvollen Schauplatz in der Wüste, den sich die meisten Menschen vorstellen. Dennoch herrscht dort auch heute noch eine Atmosphäre der Erhabenheit, und kein Reisender sollte diesen Ort links liegenlassen.

Die schönste Sammlung ägyptischer Altertümer und Kunstschätze findet sich in Kairo. Auch wenn im vorangegangenen Kapitel von Verkehrschaos und Autoabgasen die Rede ist – Kairo hat weit mehr zu bieten als Gedränge, Lärm und Schmutz. Hier laufen die Fäden der Geschichte Ägyptens zusammen – der altägyptischen, koptischen und islamischen Kultur. Alle drei geschichtlichen und kulturellen Epochen sind im Ägypten von heute auf vielerlei Art vertreten und offenbaren sich dem Besucher vor allem in Baudenkmälern, Skulpturen und Museen. Das Ägyptische Museum wartet mit über 100000 Exponaten auf, die aus prähistorischen Tagen bis hin zur Ptolemäer-Zeit stammen.

Zur Schau gestellt werden hier unter anderem die Schätze des Tutanchamun – eine schier unglaubliche Fülle künstlerischen und handwerklichen Schaffens in höchster Vollendung. Das Koptische Museum beherbergt vorwiegend im 6. Jahrhundert n. Chr. geschaffene Steinplastiken und -reliefs sowie außergewöhnlich schöne Gewebe aus feinem Leinengarn. Sehenswert sind auch die beiden alten koptischen Kirchen St. Sergius und St. Georg. Einen Eindruck vom islamischen Kunstschaffen gewinnt man im Museum der Islamischen Kunst. Zu den Exponaten, die in ihrer Entstehung bis ins 7. Jahrhundert zurückreichen, zählen Mosaike, Metall- und Keramikgegenstände, Schmuck, Möbel, Textilien und Waffen sowie Meisterwerke der Kalligraphie.

Zwei der ältesten und berühmtesten Moscheen Kairos sind die Amr-Moschee und die Ibn-Tulun-Moschee. Im Mittelalter entstanden die Islamische Universität und die Al-Ashar-Moschee, und im 12. Jahrhundert wurde mit dem Bau der Großen Zitadelle begonnen, einem Bollwerk Saladins und seiner Krieger. Von den mittelalterlichen Stadttoren sind drei erhalten geblieben. Interessant ist auch ein Bummel durch den betriebsamen Basar sowie ein Besuch auf dem Kamelmarkt – beides Überreste der althergebrachten Lebensweise in diesem Lande. Zu den gestalterischen Elementen jüngeren Datums gehören unter anderem hübsch angelegte Gärten, Uferpromenaden und interessante Gebäude im Stil von Art Nouveau und Art Deco.

Ausgangspunkt für Fahrten durchs Land ist zumeist Kairo. Früher, als man mit dem Schiff zu reisen pflegte, ging man in Alexandria an Land und machte sich von dort aus auf den Weg. Alexandria, die europäisch angehauchte Hafenstadt am Mittelmeer, ist ein Seebad mit schönen Badestränden und einer 20 Kilometer langen Seepromenade, der einstmals vornehmen Corniche. Spuren der Vergangenheit finden sich auch hier, doch bedauerlicherweise nichts mehr von der berühmten Bibliothek und dem herrlichen Leuchtturm; von beiden Sehenswürdigkeiten ist nichts übriggeblieben. Zeugen längst vergangener Tage sind ein römisches Amphitheater, mehrere Katakomben aus der Frühzeit des Christentums sowie ein im 15. Jahrhundert erbautes Fort. Vom Serapeum, der antiken Kultstätte, blieb nur die Pompejus-Säule erhalten. Im Museum für Griechisch-Römische Altertümer gewinnt man einen Eindruck von der multikulturellen Frühgeschichte dieses faszinierenden Ortes. Dicht daneben liegen die Ruinen der während der ersten christlichen Jahrhunderte entstandenen Stadt Canopus. Mit seinen Werken verlieh Lawrence Durrell, ein Schriftsteller unseres Jahrhunderts und Verfasser des bekannten «Alexandria-Quartett» Alexandria einen Hauch von Romantik.

Richtung Süden nilaufwärts gelangt der Reisende nach Luxor und zu den bedeutendsten Tempelanlagen und Nekropolen. Den Luxor-Tempel ließ Amenophis III. zu Ehren der Göttertriade Amun, Mut und deren Sohn Chons erbauen. Noch eindrucksvoller ist die benachbarte Tempelstadt Karnak. Verbunden wurden diese antiken Stätten einst durch eine mehr als zwei Kilometer lange, von widderköpfigen Sphingen (Löwenfiguren) gesäumte Allee, die teilweise noch erhalten ist. Experten halten Karnak für die größte Tempelanlage der Welt, und in einer hervorragenden *«son et lumière»* (Ton- und Lichtschau) wird dem Besucher von heute die Erhabenheit und die von Dramatik geprägte Geschichte dieser Tempelstadt nahegebracht.

In Karnak erweiterte ein Pharao nach dem anderen die Anlage um eigene Tempelbauten. Den ursprünglichen Plan zu erkennen ist so gut wie unmöglich, um so mehr als von manchen Bauwerken kaum mehr als Ruinen geblieben sind. Mit dem Bau des Großen Amun-Tempels beispielsweise begann man während der 12. Dynastie, aber noch zur Zeit der 25. Dynastie wurden Ornamente und Zierrat hinzugefügt. Einen ungemein eindrucksvollen Anblick bietet der zu den Sieben Weltwundern der Antike zählende Große Säulensaal. Auf einer Fläche, die es mit den Ausmaßen einer europäischen Kathedrale aufnehmen kann, streben 134 majestätische Säulen empor. Der Osiris-Tempel mit seinen lebendigen Wandmalereien ist ein Kleinod unter den weniger bekannten, kleineren Tempelbauten. Darüber hinaus gehören zu Karnak ein etwa 140 Meter langer Heiliger See sowie eine Reihe weiterer bemerkenswerter Kultbauten, darunter der Chons-Tempel, der Mut-Tempel und der Tempel Ramses' III.

Jenseits des Nils liegt die Region Theben-West. Von hier aus gelangt man in das Tal der Könige und in das Tal der Königinnen, die bedeutendsten Nekropolen Altägyptens. Allein im Tal der Könige wurden über 60 Gräber entdeckt, und am sehenswertesten dürften die Grabstätten von Ramses VI., Sethos I. und natürlich jene des Tutanchamun sein. Der Weg in die Sargkammer Ramses' VI. führt einen langen Korridor hinab durch zwölf Tore, die die zwölf Pforten des Todes versinnbildlichen – ein Weg, auf dem noch heute der Hauch eines uralten Mysteriums den Fremden umgibt.

Von den rund 70 Gräbern, auf die man im Tal der Königinnen stieß, sind die Gräber der Nefertari und des Amun-her-Chopeschef – der Gemahlin und des Sohnes Ramses' II. – von besonderem Interesse. Die Farben der Wandmalereien und Hieroglyphen, mit denen einige Grabkammern reich geschmückt sind, haben bis heute eine erstaunliche Leuchtkraft bewahrt. Nahe dem benachbarten Kurna liegt das Tal der Vornehmen mit insgesamt über 400 Gräbern. An strategisch günstigen Stellen über den Totenstätten errichteten Grabräuber ihre Häuser, jene Dorfbewohner von Kurna, die sich – wie weiter vorne erwähnt – so hartnäckig einer Umsiedlung widersetzten.

Assuan, oftmals südlichstes Ziel einer Ägypten-Rundreise, ist Ausgangspunkt für einen Ausflug weiter nilaufwärts zu den Tempeln und Kolossalstatuen von Abu Simbel. Die zur Blütezeit von Blumen und Sträuchern besonders reizvolle Stadt ist ein vergleichsweise ruhiger Winterluftkurort. Von hier aus kann man zahlreiche Ausflüge auf dem Nil unternehmen, unter anderem zu den nahegelegenen Nil-Inseln. Zu empfehlen ist auch ein Abstecher auf die Kitchener-Inseln mit ihrem wunderschönen Botanischen Garten sowie zur Insel Elephantine, wo sich neben gleichfalls herrlichen Gärten auch Zeugnisse aus der Antike finden, beispielsweise die Überreste einer um 2800 v. Chr. zu Ehren des Kataraktgottes Chnum erbauten Tempelanlage. Auf der Insel Neu-Philae (Agilkia) wurden während der Errichtung des Assuan-Staudammes jene Bauwerke umgesetzt, die sich einst auf der ursprünglichen, mittlerweile in den Nilfluten versunkenen

Insel Philae erhoben. Dank fachkundiger Arbeit der Archäologen konnten so der Isis-Tempel, der Hathor-Tempel sowie weitere antike Schätze vor der Überflutung bewahrt werden. Interessant ist auch ein Abstecher von Assuan aus in die nahegelegenen Granit-steinbrüche, und wen es in die Abgeschiedenheit der Wüste zieht, der findet in den Ruinen des Simeons-Klosters einen Ort der Stille. Einen scharfen Kontrast zu all diesen Herrlichkeiten der Antike bildet der Assuan-Staudamm, jenes umstrittene Meisterwerk moderner Technik, das so tiefgreifende Einschnitte in die Lebensweise der Ägypter brachte.

Zwischen Assuan und Luxor liegen die beiden Städte Kom Ombo und Idfu mit ihren bemerkenswerten Tempelanlagen. Im prächtigen Horus-Tempel von Idfu spiegelt sich auf einmalige Weise die späte Tempelbaukunst der griechisch-römischen Zeit wider. Dem krokodilköpfigen Gott Sobek war der Tempel in Kom Ombo geweiht. Ihm zu Ehren pflegte man Krokodilmumien in besonderen Gräbern beizusetzen, und auf einige im Laufe der Jahrtausende fast schwarz gewordene Exemplare können Neugierige heute noch einen Blick werfen.

Ägyptenreisen folgen zumeist dem Lauf des Nils. Wem genügend Zeit bleibt, der sollte aber auch andere Regionen dieses Landes etwas abseits der ausgetretenen Touristenpfade erkunden. In der Arabischen Wüste östlich des Nils, einem öden Wüstenhochland, liegen die uralten Klöster St. Antonius und St. Paul, in denen noch heute kleine Mönchsgemeinschaften leben. Noch weiter östlich, auf der Sinai-Halbinsel, stößt man auf das im 6. Jahrhundert gegründete Katharinen-Kloster. An dieser Stelle soll Moses die Gesetzestafeln mit den Zehn Geboten Gottes in Empfang genommen haben. Von den Gipfeln der umliegenden Berge hat man einen atemberaubenden Blick über eine der trockensten und am stärksten zerklüfteten Landschaften der Erde.

Zunehmender Beliebtheit als Ferienparadies erfreut sich die Küste des Roten Meeres. Zwischen den Korallenriffen finden sich einige der schönsten Tauchgründe der Welt; wer lieber über dem Wasser bleibt, fährt mit dem Boot hinaus zum Fischen. An Campingplätzen herrscht kein Mangel. Hurghada, bis vor kurzem noch ein bescheidenes Dorf, mauserte sich mittlerweile zum Ferienzentrum dieser Region. Im benachbarten El-Ghardaka kann der Feriengast in einem Aquarium und einem Museum die außerordentliche Vielfalt der Fauna des Roten Meeres studieren.

Eine Beschreibung der unzähligen anderen lohnenswerten Ziele in Ägypten würde Bücher füllen. Vielleicht ist es angebracht, in Hermopolis Magna, die heute in Trümmern liegende griechisch-römische Stadt, die Reise durch das Land am Nil zu beenden. Hier soll der altägyptischen Mythologie zufolge die Welt ihren Anfang genommen haben. Aus dem Urwasser des Chaos tauchte der Urhügel auf, und Thot, der erste Gott und Geist der Weisheit erschien. Er schuf die vier Elemente – vier göttliche Paare, die man auch Ewigkeit, Geheimnis, Nacht und Dunkelheit nannte. Diese vier göttlichen Paare wiederum schufen ein Ei, dem die Sonne entstieg. Nachdem die Sonne geboren war, schlüpfte noch eine Wildgans aus dem Ei, und ihr Schrei wurde zum Urlaut der Welt. Das Land am Nil erwachte also – so will es die Legende – durch Wasser, Sonne und den Urschall zum Leben.

Ägypten ist weitgehend eine Schöpfung seiner Bewohner, die das Land über Jahrtausende hinweg mit ihrem außergewöhnlichen Erfindungsgeist und Einfallsreichtum formten. Selbst Wüstengestein und Sand verwandelten sich durch die mühselige Arbeit ihrer Hände in erhabene Bildwerke und fruchtbaren Boden. Der Legende nach wurde das Land aus Wasser geboren, eine Überlieferung, der ein gewisser Wahrheitsgehalt durchaus nicht abzusprechen ist, denn Ägypten, wie wir es heute kennen, wurde durch den Nil mit Leben erfüllt. Auf das Wasser folgte die Sonne mit sengender Hitze, aber auch fruchtbringender Wärme, und schließlich der Schall – die hörbaren Laute des Zusammenwirkens lebendiger Wesen, die sich gemeinsam daran machten, ihrem Land Ägypten über Tausende von Jahren hinweg auf einzigartige Weise Gestalt zu verleihen.

Zeittafel

Anmerkung: Über die Zeitangaben in bezug auf Altägypten sind sich die Fachleute nach wie vor nicht ganz einig, und nicht alle werden mit der zeitlichen Zuordnung in diesem Buch einverstanden sein.

FRÜHZEIT

etwa 2900–2620 v. Chr.
1. Dynastie: 2900–2760 v. Chr.
– Zusammenschluß von Ober- und Unterägypten durch Menes/ Narmer.
– Menes gründet die neue Hauptstadt Memphis.
– Die ersten Nildämme und -kanäle werden angelegt.
2. Dynastie: 2760–2620 v. Chr.

ALTES REICH

2620–2100 v. Chr.
3. Dynastie: 2620–2570 v. Chr.
– Djoser läßt die Stufenpyramide von Sakkra errichten.
4. Dynastie: 2570–2460 v. Chr.
– Errichtung der Großen Pyramiden der Pharaonen Cheops, Chephren und Mykerinos in Giseh.
5. Dynastie: 2460–2320 v. Chr.
6. Dynastie: 2320–2150 v. Chr.
– Pepi (Phiobs) I. führt erfolgreich Krieg gegen benachbarte Länder.
– Pepi II. regiert 94 Jahre lang; die Zentralmacht wird zunehmend geschwächt.
7. Dynastie: Interregnum (70 Könige in 70 Tagen)
8. Dynastie (Memphiten): 2150–2100 v. Chr.

ERSTE ZWISCHENZEIT

 9. Dynastie (Herakleopoliten):
10. Dynastie (Herakleopoliten):

MITTLERES REICH

2040–1650 v. Chr.
11. Dynastie: 2040–1991 v. Chr.
– Erneute Reichseinigung unter Mentuhotep I. und Mentuhotep II.; Theben wird Hauptstadt
12. Dynastie: 1991–1785 v. Chr.
– Amenemhet I. verlegt seine Residenz nach Memphis und dehnt den Machtbereich Ägypens über Nubien aus.
– Amenemhet III. erschließt das Faijum und läßt den Bahr el-Jussuf-Kanal anlegen.
13./14. Dynastie: 1785–1650 v. Chr.

ZWEITE ZWISCHENZEIT

1650–1540 v. Chr.
15. und 16. Dynastie: 1650–1540 v. Chr.
17. Dynastie: 1650–1551 v. Chr.
– Einfall der Hyksos

NEUES REICH

1540–1085 v. Chr.
18. Dynastie: 1551–1306 v. Chr.
– Ahmose bezwingt die Hyksos und macht Theben zu seiner Hauptstadt.
– Erste Grabstätten im Tal der Könige
– Rückeroberung Nubiens bis zum 3. Katarakt durch Amenophis I.
– Königin Hatschepsut läßt ihren Tempel in Der el-Bahri errichten.
– Tuthmosis III. dehnt das ägyptische Reich bis in den Nahen Osten aus.
– Amenophis IV. ändert seinen Namen in Echnaton, führt mit der Anbetung der Sonnenscheibe Aton den Monotheismus ein und verlegt seine Residenz von Theben nach Tell el-Amarna.
– General Haremheb übernimmt die Macht und schafft den Aton-Kult wieder ab.
19. Dynastie (Ramessiden): 1306–1186 v. Chr.
– Ramses II. schlägt die Hethiter und läßt überall im Lande Monumentalbauten errichten.
– Merenptah besiegt die Seevölker.
20. Dynastie (Ramessiden): 1186–1070 v. Chr.
– Ramses III. nimmt eine Neuordnung der Verwaltung vor, wehrt einen neuerlichen Angriff der Seevölker ab und läßt in Medinet Habu bei Theben seinen Totentempel erbauen.

SPÄTZEIT

1085–332 v. Chr.
21. Dynastie (Taniten und Thebaner): 1070–945 v. Chr.
– Machtübernahme durch Herihor, den ersten in einer Reihe thebanischer Priesterkönige; sie teilen sich mit den im Nil-Delta herrschenden Fürsten von Tanis die Macht.
22. Dynastie (Bubastiden): 945–715 v. Chr.
– Plünderung Jerusalems durch Scheschonk I.
23. Dynastie: Etwa 817–730 v. Chr.
24. Dynastie: 725–711 v. Chr.
– Angesichts der Bedrohung durch Assyrien schließen sich die unterägyptischen Kleinfürstentümer unter Tefnacht, dem König von Sais, zusammen. Aus Nubien (Sudan) dringen die Herrscher von Kusch nach Oberägypten vor.
25. Dynastie (Kuschiten): 715–664 v. Chr.
– Eroberung Oberägyptens durch König Pianchi von Kusch.
– König Schabaka erobert Unterägypten.
– König Esarhaddon von Assyrien nimmt Memphis ein (671 v. Chr.).
– Plünderung Thebens durch Assurbanipal (663 v. Chr.).
26. Dynastie (Saiten): 664–525 v. Chr.
– Psammetich I. vertreibt die Assyrer (658 v. Chr.).

- Gründung des griechischen Freihafens Naukratis im Delta (656 v.Chr.).
- Invasion der Perser unter Kambyses (525 v.Chr.)

27. Dynastie (Perser): 525–404 v.Chr.
- Kambyses ruft sich selbst zum Pharao aus; Ägypten steht unter persischer Herrschaft.

28., 29. und 30. Dynastie: 404–343 v.Chr.
- Erfolgreicher Aufstand gegen Darius II.; Ägypten wird wieder unabhängig.

31. Dynastie (Perser): 343–332 v.Chr.
- Erneuter Einfall der Perser; Nektanebos II., der letzte Pharao Ägyptens, wird aus dem Lande vertrieben.

GRIECHISCHE ZEIT

Alexander d.Gr.: 332–323 v.Chr.
- Alexander d.Gr. von Makedonien schlägt die Perser und wird in Ägypten als Befreier begrüßt.
- Gründung der Stadt Alexandria.

Die Ptolemäer: 323–30 v.Chr.
- Ptolemaios I., General Alexander d.Gr., macht sich zum König Ägyptens.
- Errichtung der Tempel von Idfu und Dendera.
- Kleopatra verbündet sich mit Mark Anton; Oktavian (Augustus) schlägt Mark Anton in der Schlacht von Actium, und Kleopatra nimmt sich das Leben.

RÖMISCHE UND BYZANTINISCHE HERRSCHAFT

30 v.Chr.–642 n.Chr.
- Ägypten wird von kaiserlichen Statthaltern regiert.
- Kaiser Caracalla läßt alle männlichen Erwachsenen von Alexandria niedermetzeln (215).
- Probus, römischer Statthalter und erster Soldatenkönig Ägyptens (276–282), schlägt die eindringenden Streitkräfte Königin Zenobias von Palmyra zurück.
- Gründung des ersten christlichen Klosters in der Nähe von Dendera durch den Hl. Pachomius (um 320).
- Theodosius verbietet per Edikt die Anbetung heidnischer Götter (392).
- Einmarsch persischer Streitkräfte unter Chosrau in Ägypten (616).
- Wiederherstellung der byzantinischen Herrschaft durch Kaiser Heraklios (631).

ISLAMISCHE ZEIT

Orthodoxe Kalifen: 640–661
- Eroberung Ägyptens durch die Araber unter Amr Ibn al-As, einem General des Kalifen Omar.

Omaijaden (Damaskus): 661–750
- Arabisch wird Amtssprache.

Abbasiden (Bagdad): 750–868

Tuluniden: 868–905
- Sultan Ibn Tulun gründet in Kairo eine türkische Dynastie.
- Bau der Ibn-Tulun-Moschee in Kairo.

Ichschididen: 935–969
- Sultan Mohammed Tughi (el-Ichschid) führt Landwirtschaftsreformen durch; das Land erlebt eine kulturelle Blütezeit.

Fatimiden: 969–1171

- General Gohar gründet die Stadt El-Kahira (Kairo).
- Vollendung der El-Ashar-Moschee (972) und Gründung der Islamischen Universität (988).

Aijubiden: 1171–1250
- Saladin (Salah el-Din) gründet eine kurdische Dynastie, führt ruhmreiche Feldzüge gegen die Kreuzritter und beginnt in Kairo mit dem Bau der Zitadelle.

Mamelucken-Herrschaft: 1250–1517

Bahritische (türkische) Mamelucken: 1250–1382

Burdschitische (tscherkessische) Mamelucken: 1382–1517
- Niederwerfung der Mamelucken bei Aleppo durch den osmanischen Sultan Selim I. (1516).

Osmanische Herrschaft: 1517–1798
- Konstantinopel löst Kairo als Zentrum der islamischen Welt ab.
- Ägypten wird von Paschas regiert.
- Ali Bey verweigert Tributzahlungen an den Sultan (1768).

1798 – Napoleon landet in Ägypten, gewinnt die Schlacht bei den Pyramiden und übernimmt die Herrschaft im Lande

1801 – Von den Briten geschlagen, ziehen sich die Franzosen aus Ägypten zurück.

1805–1847 – Mehmed Ali, vom Sultan zum Pascha ernannt, eint das Reich, bricht die Macht der Mamelucken und führt weitreichende Reformen durch. Nachfahren seiner Linie sind bis 1952 immer wieder an der Machtausübung beteiligt.

1859 – Beginn des Suez-Kanals mit französischer Finanzhilfe.

1863–1879 – Herrschaft Ismails; er erhält 1867 den Titel eines Khediven.

1869 – Eröffnung des Suez-Kanals.

1882 – England übernimmt nach einer militärischen Intervention die Kontrolle über das Land.

1922 – Ägypten wird unabhängig; England bleibt jedoch militärisch weiterhin präsent.

1923 – Ägypten wird per Verfassung in eine konstitutionelle Monarchie umgewandelt. Als Fuad I. besteigt der Sohn des Khediven Ismail den Thron.

1952 – Revolution der «Freien Offiziere»; König Faruk wird entthront.

1953 – Ausrufung der Republik Ägypten.

1953–1954 – Präsidentschaft General Mohammed Nagibs.

1954–1970 – Präsidentschaft Gamal Abd el-Nassers.

1956 – Verstaatlichung des Suez-Kanals. Französische und britische Truppen besetzen die Kanalzone und müssen nach einem UNO-Beschluß wieder abrücken. Die letzten britischen Truppen ziehen endgültig aus Ägypten ab.

1967 – Ägypten, Syrien und Jordanien greifen gemeinsam Israel an und werden im «6-Tage»-Krieg geschlagen.

1970–1981 – Präsidentschaft Anwar as-Sadats.

1973 – Jom-Kippur-Krieg mit Israel; Ägypten gewinnt wieder Selbstvertrauen.

1979 – Unterzeichnung des Friedensvertrages von Camp David mit Israel.

1981 – Präsident Sadat wird von islamischen Extremisten ermordet.
- Hosni Mubarak wird Nachfolger Sadats.

1987 – Wiederwahl Mubaraks als Präsident für weitere sechs Jahre.

Die Pharaonen der 31 Dynastien

I. Dynastie 2900–2760
Narmer (= Menes?)
Aha (= Atothis?)
Djer
Djet
Den (Udimu)
Adj-ib (Miebis)
Semerchet
Ka-a

II. Dynastie 2760–2620
Ra-neb
Hetepsechemui
Ni-netjer
Peribsen
Senedj
Cha-sechem
Cha-sechemui

III. Dynastie 2620–2570
Nebka
Djoser
Djoser-teti
Sechem-chet
Huni

IV. Dynastie 2570–2460
Snefru
Chufu (Cheops)
Re-djedef
Re-chaf (Chephren)
Baf-re
Menkaure (Mykerinos)
Schepseskaf
Ptahdjedef

V. Dynastie 2460–2320
Userkaf
Sahure
Neferirkare
Schepseskare
Neferefre
Niuserre
Menkauhor
Isesi (Asosis)
Unas

VI. Dynastie 2320–2150
Teti
Userkare
Merire Phiops I. (Pepi)
Merienre I.
Neferkare Phiops II. (Pepi)
Merienre II.
etwa 7 weitere Könige

VII. Dynastie 2150

VIII. Dynastie 2150–2100
(in Memphis)

IX. und X. Dynastie 2140–2040
(in Herakleopolis)

Cheti (Achthoes) III.
Merikare

XI. Dynastie 2040–1991
(in Theben)

Sehertaui Antef I.
Wahanch Antef II.
Nebtepnefer Antef III.
Nebhepetre Mentuhotep I.
Sanchkare Mentuhotep II.
Nebtauire Mentuhotep III.

XII. Dynastie 1991–1785
Sehetepibre Amenemhet I.
Cheperkare Sesostris I.
Nubkaure Amenemhet II.
Chacheperre Sesostris II.
Chakaure Sesostris III.
Nimaatre Amenemhet III.
Maacherure Amenemhet IV.
Sobekkare Sobeknofru

XIII. Dynastie 1785–1650
Amenemhet Sobekhotep I.
Sanchtaui Sechemkare
Sechemre Chutaui Penten
Sechemkare Amenemhet Senbuf
Sanchibre Ameni Antef Amenemhet
Sedjefakare Kai Amenemhet
Chutauire Ugaf
Seneferibre Sesostris IV.
Sechemre Suadjtaui Sobekhotep II.
Chasechemre Neferhotep I.
Chaneferre Sobekhotep III.
Chaanchre Sobekhotep IV.
Chahetepre Sobekhotep V.
Mersechemre Neferhotep II.
Wahibre Iaib
Merneferre Eje
Merhetepre
Mersechemre Ined
Merkaure Sobekhotep VI.
Suahenre Senebmiu
Djedanchre Montuemsaf
Menchaure Seschib
Hetepibre Siamun Hornedjheriotel
Djedneferre Didumes I.
Djedhetepre Didumes II.

XIV. Dynastie 1760–1650?
(nur im Delta)

XV. und XVI. Dynastie 1650–1540
(Hyksos)
...
Nebchepeschre Apophis I.
Sewoserenre Chian
Aakenenre Apophis II.
Aawoserre Apophis III.

XVII. Dynastie 1650–1551
(in Theben)
...
Senachtenre Ta-a I.
Sekenenre Ta-a II.
Wadjcheperre Kamose

XVIII. Dynastie 1551–1306
Nebpehtire Ahmose
Djoserkare Amenophis I.
Aacheperkare Thutmosis I.
Aacheperenre Thutmosis II.
Maatkare Hatschepsut
Mencheperre Thutmosis III.
Aacheperure Amenophis II.
Mencheperure Thutmosis IV.
Nebmaatre Amenophis III.
Nefercheprure Amenophis IV. (Echnaton)
Anchcheprure Semenchkare
Nebcheprure Tutanchamun
Chepercheprure Eje
Djosercheprure Haremhab

XIX. Dynastie 1306–1186
Menpehtire Ramses I.
Menmaatre Sethos I.
Usermaatre Ramses II.
Baenre Merenptah
Menmire Amenmose
Satre Tausret
Usercheprure Sethos II.
Achenre Merenptah-Siptah

XX. Dynastie 1186–1070
Userchaure Sethnacht
Usermaatre Ramses III.
Hekamaatre Ramses IV.
Usermaatre Ramses V.
Nebmaatre Ramses VI.
Usermaatre Ramses VII.
Usermaatre Ramses VIII.
Neferkare Ramses IX.
Chepermaatre Ramses X.
Menmaatre Ramses XI.

XXI. Dynastie 1070–945
Hedjcheperre Smendes
Aacheperre Psusennes I.
Neferkare Amenmose
Usermaatre Amenemope
Netjercheperre Siamun
Hedjhekare Psusennes II.

XXII. und XXIII. Dynastie 945–715
Hedjcheperre Scheschonk I.
Sechemcheperre Osorkon I.
Usermaatre Takelothis I.
Usermaatre Osorkon II.
Hedjcheperre Takelothis II.
Usermaatre Scheschonk III.
Usermaatre Pimai
Aacheperre Scheschonk IV.
Usermaatre Petubastis
Aacheperre Scheschonk V.
Usermaatre Osorkon III.
Usermaatre Takelothis III.
Usermaatre Amunrud
Aacheperre Osorkon IV.

XXIV. Dynastie 725–711
Schepsesre Tefnacht
Wahkare Bokchoris

XXV. Dynastie 715–664
Kaschta
Usermaatre Pianchi
Neferkare Schabaka
Djedkaure Schabataka
Chunefertumre Taharka
Bakare Tanutamun

XXVI. Dynastie 664–525
Wahibre Psammetich I.
Uhemibre Necho
Neferibre Psammetich II.
Haaibre Apries
Chnumibre Amasis
Anchkaenre Psammetich III.

XXVII. Dynastie 525–404
(Perserkönige)

XXVIII. Dynastie 404–399
Amyrtaios II.

XXIX. Dynastie 399–380
Nepherites I.
Muthis
Psammuthis
Hakoris
Nepherites II.

XXX. Dynastie 380–343
Nektanebos I.
Tachos
Nektanebos II.

XXXI. Dynastie 343–332
(Perserkönige)